古玉簡史

① 史前篇

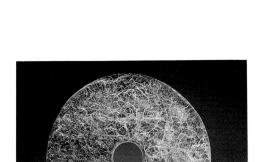

邱福海◎著

淑馨出版社◎出版

建台王

國立中央圖書館出版品預行編目資料

古玉簡史／邱福海著. --初版. --臺北市：
　淑馨，民 82
　　冊；　公分
　ISBN 957-531-305-4(第一冊：平裝)

1. 玉

794.4　　　　　　　　　　　　　　82004194

古玉簡史《史前篇》

作　　　者◇邱福海
發 行 人◇陸又雄
編輯設計◇徐于捷
出 版 者◇淑馨出版社
地　　　址◇台北市安和路二段 65 號 2 樓（日光大廈）
電　　　話◇7039867・7006285・7080290
郵政劃撥◇0534577～5 淑馨出版社
印　　　刷◇百均彩色製版印刷有限公司
法律顧問◇蕭雄淋律師
登 記 證◇新聞局登記證台業字第 2613 號
版　　　次◇1993 年（民國 82 年）七月初版
定　　　價◇320 元

❖ 目 錄 ❖

凡⊕例

一、書名「古玉簡史」一套四册，本書為第一册「史前篇」。

二、本書以編、章、節作敍述劃分，但書內各節僅以數目表示，以免
　　繁複。

三、我國史前文化距今甚遠，出土資料分類方式多有爭議；筆者僅能
　　依目前較為學者所接受的說法作基礎。

四、史前遺址類型極多，但與玉器文化無關者，筆者多予略過，以免
　　篇幅過多、文字枯澀。

五、雖為同一類史前文化，但在遺址中仍有一些差異，筆者儘量敍及
　　普遍性的文化特色，不作比對方面研究，以免脫離正題。

緒 ✛ 論

　　曾有學者說：「以史學的眼光，來檢討解釋藝術品，並不一定是正確的。」所以，有的藝術學者認為：應該透過創作者的內心，瞭解作者的創作慾望與心路歷程；也有的認為：應該由藝術品的本身來作檢討；但也有的說，從創作者的外在環境來分析，比較正確。這些觀念都是對的，但是，都比較適合西洋藝術品的研究，在我國，則比較適用於國畫、書法等與文人結合比較深，作品上有名識題款的藝術品。

　　但是，對玉器而言，就不同了，在我國長達近萬年的玉器藝術演進過程中，除了卞和、陸子剛等少數一兩個人，受到文人的揄揚，僥倖的留下了製玉者的名字外，玉工在中國歷史上是沒沒無聞的，他們的名字，就是──玉器。他們的名字就是將一塊塊堅硬過石的璞玉，琢成器形，給特殊的階層──可能是持為禮器的統治者，也可能是佩玉以顯品德的士大夫──。當然，禮器的出現，代表了威權的身份，佩玉的出現，顯示出了君子的品德，但是玉工的名字，卻湮滅在這些玉器之後了。我們都知道，《三字經》用最通俗的比喻，來形容一個人必須接受磨練、刻苦、學習、上進，他所用的比喻是「玉不琢，不成器，人不學，不知義。」任何一件玉器，都必須經過玉工精琢才能成器的，但是玉工的名字卻留不下來，我們從欣賞藝術品的角度來看，這是極端不公平的，這也是一個封建，過於偏重階級意識的文化古國，對藝術創作者，極其殘忍的一面。

　　此外，我們對古玉器的認識，常僅止於年代的瞭解，而忽視了他的內涵、藝術性及在歷史文化中的意義。例如，我們拿出一塊古玉，給一位對中國文化有基本認識的人來看，他問你的第一句話，幾乎都是：「那一個朝代的？」但是我們卻常忘了玉器在中國歷史中千百年來，是因為他的內涵價值才被吸收到文化中的，君不聞：「君子比德如玉」嗎？也因為我們習慣上太重視古玉的年代了（這當然也有古玉避邪、古玉保身……等一些齊東野語的影響），造就成少數不肖古董商與偽仿古玉集團的勾結，每賣出一件偽仿品，不知汗顏，居然還在同行中以能幹自許，在這種環境下，筆者嘗言：「中國的玉器文化到現在還沒有消失，因為迄今佩新玉翡翠的愛玉者仍多，但是古玉在古

（圖一）有史以來，除卞和、陸子剛等
少數一兩個玉工，因為文人的揄揚，而
在歷史上留下了名字外（卞和獻玉還可
能是一個寓言），其餘的，他的名字就
是玉器，他的名字就是所流傳的古玉；
但是因為玉器不朽的特性，這些玉工雖
無名，但是卻永存在我國的歷史文化
中。本像為青白瓷的卞和獻璧塑像，約
為清代作品，現藏維多利亞博物館。

董市場上卻快要消失了。例如，知名的國際藝術品拍賣公司，拒絕代
為拍賣中國古玉器，一些知名的的收藏家，在多次上當後，也逐漸排
斥收藏古玉器。」

　　筆者愛玉，也結交了一些愛玉的朋友，討論研究問題時，常遇到
這樣的說法：「那些器形、刀工及歷史文化的問題太複雜了，你只要
告訴我，是真？是假？就行了。」這當然直截了當，但是一個不知玉
的人，持有一塊好玉，除了具有炫耀的目的外，和玉器繼續湮沒在遺
址、墓葬中，又有什麼區別呢？

　　除了一些人為的認知偏差外，近幾十年來，國內歷史考古學界又
發生了兩件大事，也對古玉器的認識與瞭解，產生了重大的影響。

　　首先，在本世紀之初，我國的史學界經歷了一次重要的洗禮，那
就是「疑古運動」（也就是「古史辨運動」）。造成這個運動的起因
，主要是因為西風東漸，引進了我國各類方法科學，而我國的歷史，

　　卻是傳統的本土學問，尤其在長期的封建體制下，這些表面上以儒家經典為主導的學問，多少具有為統治者服務的成份，故而摻雜著傳說、神話、帝王強調正統「受命於天」的附會，以及史書作者本身主觀好惡的解釋，這樣所架構出來的歷史，我們以往是沒有懷疑的，可是自疑古運動起，即開始受到質疑，受到拆穿，一些在歷史上認為是經典的古籍，他的內容、作者、著作年代也都受到懷疑而動搖了，但是，伴隨這些古史、古籍所記錄的一些玉器形制、用途，卻仍然蹣跚在玉器市場上流傳著，這形成一般人對玉器的認識，與其真實的歷史面目，產生一些不和諧的差距。

　　第二，近四、五十年來，大陸考古學家在政府的大力支持下，對於田野考古的資料蒐尋上，獲得了相當豐碩的成果，這些炎黃子孫的共同文化遺產，一批批的出土，檢驗、矯正了正史的一些記錄，也填補了一些歷史的空白，同樣的，也否定了一些正史的資料，尤其是在史前史部份，對我們已往只靠傳說所建立的記錄，大多數都被否定了，雖然，目前還有一些缺環，但大體上我們已經知道，在新石器時代，我國的文化已經在不同的地區，呈現了既獨立，又有相互影響的重大發展，彼此間各有特色、各有優劣，對中國文化的形成，都有可觀的貢獻，決不是以往古籍所記載的，以中原華夏文明為本位，其他地區不是「夷狄」就是「蠻戎」的那種論調。在這件偉大的史觀改變中，不朽玉器的出土，提供了可觀的歷史見證，特別是在史前那一段沒有文字的時代，出土玉器的一綫一紋，都提供給我們重要的研究線索。

　　可惜的是，這些作為歷史見證的國寶，卻在偽仿古玉集團的利用下，給他們自己製造了一個可觀的生財環境，但卻模糊了這些古玉珍貴的價值面，筆者曾在某地玉市中，親眼看到一塊市招上書：「良渚玉器，每件五百元。」真讓人啼笑皆非，其實收藏一兩件仿古器，是沒有什麼不對的，但是同一批仿製品，有的賣數百元，有的賣數十萬元，收藏者出價愈高，愈沾沾自喜，動輒出示於人，並提出一些自不肖古董商處學來的理論，雖無依據，卻似言之有理，自欺欺人尚不知，殊為可嘆！

　　為此，筆者認為，愛玉者既然如此之眾，而且每位愛玉者，大多是真心的喜歡玉器（雖然也有一些保值、增值的目的，但筆者卻很少看到真正的收藏家從玉器上賺取大量財富）要矯正前述玉器市場上混矇欺騙的一些作法，惟一之道，就是讓愛玉者，瞭解我國玉器文化的

眞正內涵，透過這樣的瞭解，也許可使每位愛玉者，在收藏的方式上
會正確些。

（圖二）特別在沒有文字的史前時代，出土玉器的一線一紋，都提供給我們重要的線索，來瞭解那個時代的社會、藝術、風尙、宗敎……等。雖然，我們目前掌握的資料還不夠多，仍有一些謎題有待發掘，但是玉器以他不朽的特性，提供給我們的，卻是最正確的第一手資料。

　　雖然，目前市面上介紹玉器的書籍相當多，有一些頗具水準，但大多數是不敢恭維的，可是都有一個共同的缺點，就是以強調圖片介紹爲主，這對以實物爲主的玉器來說，圖片介紹當然是不能少的，但是筆者深知，有許多讀者在閱讀時，已經不自覺的把圖片當成實物了，這對古物研究者來說，是一個很可怕的魔障，當圖片印刷得愈精美，我們所受的影響愈大，因爲出土玉器的斑爛神采（不論生坑品或熟坑品），決不是一張圖片，兩行簡單的介紹，套加幾句形容詞就可以概括的，尤其玉器實物的特質，及在不同光線下所表現出來的感覺，是完全不同的（但一般攝影圖片，多是在強光下拍攝），此外，還有印刷技術與色調調配的問題，筆者就曾見過圖片印刷時，因爲色度偏差與實品相差甚遠，而僞製品依圖片製作，也能在市場上大行其道的例子。

　　故而，筆者試圖以詮釋玉器文化內涵的角度，用斷代的方式寫作此書，爲便於攜帶、查考、翻閱，一書析成四部，預計兩年寫完，當然，筆者也考慮到了玉器風格與時代接續的問題，故而是如此分編的：

第一部：以我國史前時代爲主。介紹有出土玉器的各史前文化區域特性，及與玉器文化有關的石、骨、陶器出土資料，自舊石器時代以迄於夏（二里頭文化）。

第二部：自我國正式通行有文字的殷商起，歷西周、春秋、戰國、秦、漢止。因爲這一個階段的玉器藝術發展，是繼承新石器時代，由我國文化自行衍變發展而來的，可以清楚觀察出我國本土文化，在玉器形制、雕刻、紋飾上表現出來的特色。

第三部：自漢初魏晉佛教東傳，並在中土大盛，我國本土文化受到佛教的影響，繼而包容佛教，形成了藝術造型上另一個燦爛的高峯，歷魏、晉、南北朝、唐、五代、宋、元爲止。

第四部：以明、清玉器的發展及翡翠的介紹爲主。在引用資料與寫作方式上，筆者堅持「眞者爲眞」，爲免引起議論浮議，儘量使用有明確出土資料，且有代表性的文物，也因爲如此，《中國美術全集》所載的資料，引用的比較多，那也是必然的，幸而這些都是中國人共同的資產，應該沒有分什麼彼此才對；但是對文物的解讀，筆者本意，儘量求其翔實、客觀，但是落筆以後，才知道這種構想難之又難，因爲有關這方面的資料雖然很多，但依古史所載的解說方式已遭否定，新的觀念又沒有形成，許多出土明確的玉器，有介紹無說明（或不說明），這當然是很負責任的態度，但筆者爲一抒己見，就無法件件如此了，因爲如何能合理解釋出土新資料，一直是文史學者與考古專家所面臨的重要課題，歷年來不斷有筆墨官司與爭辯在進行著，筆者本欲避免，但實際上確是不可能的，因爲只要你獨立的思考，引用資料與經驗來解讀古器，就已經有主觀出現了，這是一個盲點，但筆者仍努力克制、調整，如仍不足，讀者罪我、責我，筆者亦無可辯解了。

雖然，胡適博士曾說過：「有幾分証據說幾分話，有七分証據不能說八分話。」遺憾的是，筆者所提出來的一些看法，目前還沒有更多的出土資料來印證，但筆者仍然堅信是可信的理念與認知方式，才敢呈現給讀者的，即以史前玉器爲例，如：

㈠紅山文化的一些玉器器形，必然受到我國北方細石器文化的影響，這種從舊石器時代發展到新石器時代，由漁獵走向游牧畜牧的生活方式，不同於中原、華南由漁獵走向定耕農業方式，在石器工具器形的發展上是不同的，所以我們對於紅山文化出土的一些器形，從細石器文化支解獸體的細石器或複合刮削工具（剝獸皮工具）來解讀，

應該是正確的方向，並且會有進展的。

　　(二)新石器時代的玉器，有一部份我們必須從複合工具，複合禮器的方向來探討，才能有所發現，因為從舊石器時代晚期，人類知用弓箭以後，各類複合工具就已經很普遍的在使用，而作為宗教禮器、政治信物、儀仗陳列的玉器，必定也有一些是與其他材質的物品，複合套接使用的，如今那一部份已經朽壞湮滅了，而玉器因不朽又再出土，如果我們只就出土玉器的器形來研究，而忽略了複合製品的可能性，是很容易落入「瞎子摸象」的死胡同。（如圖三）

（圖三）新石器時代的一些器形，我們必須從複合工具、複合禮器的方向去研討，例如：仰韶文化廟底溝類型的這件陶甕上所繪的一把斧，不知是石或美石，但複合成一把手工具後，各種柄飾的設計，配合的是如此完美，若僅從此斧的石器部份來觀察，我們很難想像先民們的工藝修養是如此的高。

　　(三)有關新石器時代玉器紋飾的問題，不論我們瞭解與否，必然有它象徵的意義，至於他的源起，可能來自人類對天地山川，風火雷電的觀察，但也可能有相當多的靈感，是來自上古動植物化石，因為我們現在所看到的化石，在七、八千年前也是可能看到的，而在新石器時代的先民們，靈智未開，在磨製石工具中，發現到這些類似儲藏在石材中的化石圖象，會有什麼反應呢？我們能想像，當先民磨製石器時，磨出菊石的化石、三葉蟲的化石，他們是如何震驚？會有如何反應呢？當他們磨出海膽的化石、史前魚類的化石，會不會因為礼，而模仿描繪在陶器上呢？其他如植物化石、年輪，對先民有如啟發呢？所以，筆者深信，這些形成在千萬年前的化石，對靠

器為主要工具的新石器時代的藝術紋飾，一定有相當的影響，甚且不只影響繪畫、玉雕，對宗教，拜物圖騰的產生，也都可能產生影響。（如圖四）

（圖四）史前先民在數十萬年的石器製造過程中，石器本身所含的石紋、石色、化石動物、化石植物葉、莖、年輪……等，對我國紋飾、繪圖造型的起源，應有莫大的影響，但是有史以來，從未有人注意於此。本圖為仰韶文化廟底溝類型的細泥紅陶代表作，其上紋飾，是否告訴我們它的來源？

　　㈣對玉器材質的分辨，在史前時代極為複雜，我們決不能囿於阿勒克斯、達密爾的軟玉、硬玉之分，筆者見高古器甚多，角閃石材質者極少，各類材質包羅甚廣，其中有次生石英岩類（東陵石、密玉之屬）也有薔薇輝石、綠松石，其中岫岩玉所占比例最大，這是因為屬蛇紋石系的岫岩玉在我國分佈較廣之故，以往有人認為僅紅山文化玉器才多用岫岩材質，是不對的，這是受了岫岩玉因在遼寧岫岩縣有生產而得名之故。總之，要瞭解中國玉器文化，我們必須把握住《說文解字》所云：「玉，石之美者。」的精義，方不致有偏差，這也就是說，我國真正對玉器的概念，基本上是廣義的，雖然到殷商以後，因為國家的統一，版圖的擴大，商族貿易的往來，方國的進獻，才使新疆白玉逐漸步入我國玉器文化中，形成主流，但是似玉、次玉的材質，在我國玉器文化中仍占有一定的地位，如果我們只作軟玉（真玉）之辨，在鑑別上是會產生很大的偏差的。

　　㈤有關製玉的工具與設備介紹，最早應推《周禮》的〈考工記〉，但實際上〈考工記〉多敍玉的形制，與工具無涉。直到明末宋應星的《天工開物》一書中才作了一些介紹，但比較詳盡的，還是清末李澄瀟所作的──《玉作圖說》，他把製玉分為十三個步驟，列為十三章，每章一圖，自第一章搗砂起始，以至研砂、開玉、扎玉、衝碢、磨碢、掏堂、上花、打鑽、透花、打眼、木碢以至於皮碢，不但翔實的記載了

製玉過程，而且是使用玉匠的傳統術語，饒具趣味，雖然這是晚期的製玉方式，但一般都認爲，我國手工精巧的玉匠，在幾千年來，都是用這種方式製作玉器，最早當可追溯到殷商時期，但近幾年田野考古資料的陸續出土，似乎改變了這個觀念，因爲不論材質堅硬的獨山玉材，使用在二里頭文化；或角閃石材使用在良渚文化，似乎都不是一般工匠使用原始的研磨方式，就可以製作出來的；所以筆者相信，至少在新石器時代後期，我國製玉工匠的技巧與使用工具、設備的配合，雖未到《玉作圖說》中敍述的周全階段，但已經相當接近了。

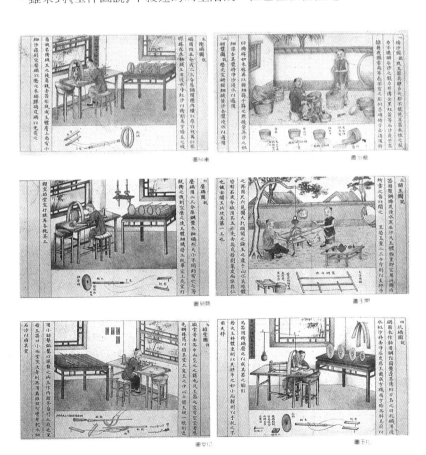

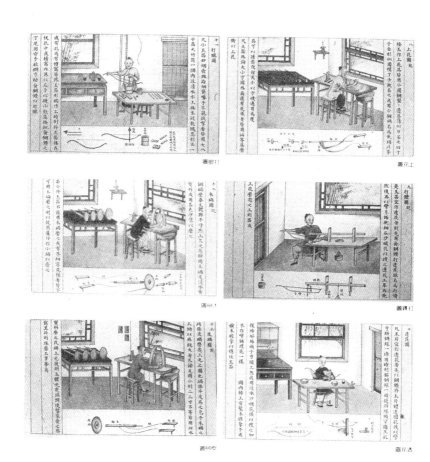

（圖五）李澄淵的玉作圖說成書於清光緒十七年，於今不遠，但卻是我國有史以來，比較完整的治玉過程敘述；這也表示我國文人在長遠的玉器文化中，只扮演浮面的角色，與實際製玉已相隔甚遠，但這種情形，並沒有削弱文人在玉器文化中的地位，並且偶而還對玉工以「雕蟲小技」掖揄之。這主要因為，在我國長遠形成的玉器文化中，玉器已與文人的道德、節操合而為一，而雕琢的玉工，反而只扮演一個幕後的橋樑角色。

　　像以上各點及對器形的認知，不能否認的，目前還沒有證據支持，同樣的，也有一些筆者的主觀，雖然在此以前，從未有人提出，但筆者仍是深信不疑的。此外，在本書中對古玉器的介紹、解說，必然

會引用到一些古史資料，在前文中曾提到「古史辨」的公案，所以筆者引用舊史說是相當謹慎的，除《史記》等正史外，筆者儘量不用，要用，亦擇而選之，以免文字誤人，並非筆者對《易》、《尚》、《詩》、《山海》等經典有所欠學，實因有所認識，方不敢隨意引用而已，特此說明。

本書命名為《古玉簡史》，就古玉言，渠與中國文化結合之深，相信讀者已有充份瞭解；但是，自古史者之筆，從未言及於此，似乎這些藝術品，在正史中是無足輕重的，這雖然受了玉工默默無聞的影響，但更有一部份是源自於「玩物喪志」的排斥，這種把古文物貶低成玩物的心態，實在是有很大的偏差。

筆者認為，就玉器本身而言，他的藝術、歷史價值，就像他的不朽一般，是永恆的，在我國歷史中也應該有他合理的地位才對；至於稱「史」，筆者則至感汗顏，太史公才大如海，文思敏捷，在「南游江淮、上會稽、探禹穴、窺九疑，浮於沅湘、北涉汶泗，講業於齊魯之都，觀孔子之遺風……」後，在父子二代接續下才完成《史記》，小子何德何能，敢於著史，而況目前資料並不完備，只是不敢藏拙，一抒所知而已，故名曰「簡史」。在寫作方向上，當然是以玉器為主，但可能影響玉器文化或玉器製作的石、牙、骨雕，或與玉器紋飾、圖案有連繫的陶器、漆器、石壁畫，亦作概略介紹，筆者相信，在文物藝術共通性的基礎上，作橫的連繫介紹，可使我們對玉器文化有更深入的瞭解。

前文曾云：「以求真為主。」故均以近年田野考古出土文物資料為主，但筆者亦深怕過於遷就考古資料，寫成一本考古報告的匯集，那就用意全失了，因為出土資料雖有他的真實性、重要性，不論遺址、墓葬、遺跡、遺物也都有珍貴的史料價值，但是他們並不等於歷史，而且，依田野考古年代測定的先後，所編列出來的年表，也不是歷史，在這點，筆者也儘量留意到。

總之，玉器對我國藝術文化貢獻甚大，但在歷史研究上卻相當受到忽視，且至今仍有許許多多解不開的謎，筆者才疏學淺，資質愚鈍，為一抒淺見，才方完成此書，若能使愛玉之國人，在對這種工藝美術品的欣賞與收藏中有所啓發，則筆者幸矣！謹此誌。

一九九二年十一月廿九日於美・加州・杭廷頓灘

導 ✛ 言

◎歷史的定義：

歷史，就是人類活動記錄的累積；人類歷史的開端，是始自於人類的出現，它廣義的包括政治、經濟、社會制度、羣體活動以及藝術文化成就。

◎玉石的定義：

溫潤有光澤的美石，未經雕琢者，均可稱爲玉石，即如古人稱玉爲：「石之美者。」所以玉的種類不只是硬玉、軟玉兩類，他還有廣義的概念，就是能符合玉雕的要求，有一定的硬度、具有蠟狀或玻璃狀光澤者的石材，都可稱之爲「玉」。誠如《中國工藝美術大辭典》所介紹：「我國出產有豐富的玉石，如新疆的白玉，雲南的翡翠，東北的瑪瑙、岫岩，湖北的松石，台灣、海南島的水晶，河南的密玉，北京的粉翠，杭州的昌化石，以及南京的雨花瑪瑙……等，都是較著名製作玉器的原材料。」

但自漢、唐兩代後，我國人對廣義的玉石，作了比較細的分類，但這也是逐步形成的，漸漸以新疆白玉爲主體作比較，把其他美石以「次玉」「似玉」等名詞予以分辨出來，即造成唐宋以後，所稱「玉」即指新疆白玉，其他玉材則冠以出產地名，予以分別，如：信宜玉、岫岩玉、南陽玉、京黃玉、台灣玉……等。

◎新疆白玉的定義：

又稱軟玉，它並不是一個單一的玉種；他是包括一組成份，當角閃石、透閃石類以細密交織成微晶集合體而產出者，都屬「軟玉」範疇，基本成份是鎂鈣矽酸鹽類，爲我國自殷商起最主要的製玉原料，顏色有白、墨、青、黃、綠……等多種，雖然顏色有差異，但都是角閃石礦物、陽起石與透閃石的變種；其中陽起石顏色較深，一般由墨綠到蘋果綠色，透閃石的顏色自乳白色到蘋果綠色，個別的物理性質很相近；由於是纖維狀微晶或毯狀微晶交織的結構，所以堅度很高，斷口呈片狀，硬度則在五・五到六之間，整體打磨後呈透明或半透明

（圖六）翡翠爲輝石類，在早期，除因單一礦石偶在中原出現外，在我國玉器文化中地位並不顯著，但近年歐美的寶石審美觀念進入我國，再加上慈禧太后以側位入主中宮皇室太后（中國習俗正室著紅，側室著綠），刻意表示迎合西方寶石審美觀念，在這種狀況下，自清末起，翡翠身價即扶搖直上，而翡翠上品確實難得，方造成此類玉器不可思議之身價。目前，少女、仕女佩翠者甚多，有稱上品者，若非綠色玻璃，即爲染色硬玉，眞正玻璃翠者有幾希！

，具蠟狀光澤，晶瑩可愛。

　　我國是世界上產軟玉最著名的國家，其餘如印度、美國、加拿大、巴西、澳洲等國也有豐富的蘊藏。世界一般寶石學家對寶石的分類上，多把軟玉列爲「次寶石類」。

◎玉器歷史從何時開始：

　　這是一個極費思考的問題，若從玉礦形成談起，那要上溯到億萬年前地球形成的階段，甚至追溯到太陽系形成的時代，那已經脫離歷史的範圍，而牽涉到物理、天文、地質等學術範圍了；但是我們若實際一點，從最早一塊出土玉器談起，可是這一塊玉器，決不可能驟然出現的，因爲果眞如此，那是不合歷史發展規律的；經一再思考，我認爲：玉礦雖形成千萬年之久，可是既未開採，就不具歷史意義，人類與玉材接觸才是玉器史的開始，但是這個開始，也不是突然形成的

，而是隨著人類史前文化，自<u>舊石器時代</u>而至<u>新石器時代</u>逐漸形成的。基於此，我們不能免俗的，還是要從人類的起源談起。

（圖七）翡翠目前在國內身價甚高，但似不具國際市場；翠的好壞，一般都是看顏色的翠綠及底色的透明，其實看翠的口訣是「色」「勻」「形」「透」，及「新坑」「老坑」之分，非一般收藏者能分辨；筆者認為，以佩翠為首飾，是無可厚非的，但欲以此為投資，則因市場狹小，風險太大，似不必要。

（圖八）碧玉為新疆玉的一種（即透閃石系列），因含特殊金屬而顯碧綠色，這類品種的玉材，在我國玉器文化中扮演重要的角色，但因渠特殊的生成狀況，常使雜色、玉皮、灑金，與古玉的沁色混淆不清，造成我們鑒玉的困擾，其實這並不難分辨，本書在以後敍述中會作說明。

◇人類的起源：

　　有關人類的起源，是一個極端有爭議的問題，至少目前就有兩派說法，一派是以唯物的觀點，認為人類的起源是「古猿進化」而成的，並以達爾文的進化論為支持依據；另一派則是較唯心的，認為人類的起源是「上帝創造」的，並以聖經為支持依據。

　　這兩個派別立論相差甚遠，積不相容，形同水火，筆者認為達爾文的進化論固然有他的立論基礎，我們也不能否認，環境的差異，能改變人類的習慣，習慣的養成，也可能造成體態的變化，就如同我們數十年禁止一個人站立，最後這個人的腿就失去了站立的功能，這些都是可能的；但是，我們就能以此推論，生命的演進也是如此嗎？古猿在直立的過程中，大腦就開始發達了嗎？幸好這個問題對本書並沒有什麼影響，我們就把他留給古生物學家與古人類學家去解決，我們還是從我國能發現的最早人類談起吧！

【第一編】
舊石器時代──中國最早的人類

（距今約一百七十萬年至九千年間）

　　一般考古學家都相信，在距今四百萬年以前，也就是「上新世」階段，地球上就已經有人類出現了，但是該時的人類智力甚低，極端蒙昧，雖然也使用打製石器，但是缺乏地區特性，也沒有個性，基本上，文化特徵並不明顯。可是進入「更新世」以後的一兩百萬年中，就逐漸看出人類在舊石器文化中所表現出來的特徵了，這也表示人類初期的生活，雖然簡單，僅用打製石器，也歷經極漫長的時間，但是進步仍然是存在的。

　　從許多史前資料顯示，中國這一片廣大的土地，在史前氣候是相當溫暖的，在鄂爾多斯黃土尚未吹到華中地區時，各地都有森林、草原，在大環境上是適合人類居住的，在這一片有廣袤平原、丘陵、河川、湖泊交錯其間，又有極長海岸線的土地上，有不少族羣生活著，在中國文化形成過程中，各有不同的貢獻；直至今日，可以分辨出來的，還有五十多個民族。目前，有資料可以證明的是，在一百七十萬年前，我們的祖先就已經在這塊土地上，以原始羣的方式生活著。從歷年來考古學界所發現的幾十處舊石器時代遺址中，發現有人類化石的，包括：元謀人、藍田人、北京人、金牛山人……等。大致上已經可以概略構成，由早期智人到晚期智人所形成的進化鏈，證明我國古人類發展的連續性，也可證明中國文化是獨立衍化而成的，在這個初期的衍化過程中，「以背面加工的石片石器為主體的小石器」一直在各個不同的舊石器遺址中出現，足可作為我國舊石器時代的文化特徵。

　　在石器時代分類上，因為人類使用的主要工具是石器，所以把早期使用比較粗糙的打製石器工具階段，概劃為「舊石器時代」，而以

磨製石器工具的階段，劃分為「新石器時代」，但是因為這個進程是在極長時間形成的，中間有相當長的重疊時間，造成一些遺址難以明確劃分，所以有的學者又主張再劃出一個「中石器時代」。也有的人認為，新、舊石器時代既然重疊時間如此之長，難以劃分，不如廢棄不用，而以社會形態來區分，也就是說：在舊石器時代與新石器時代早期，人類的活動是以血緣為主，構成的鬆散社會型態，而共同生活的前提是「單獨生活、生產，是沒有辦法生存的。」因為單獨個人的力量，無法抗拒大自然、史前野獸……等各種天災人禍的襲擊，於是最原始的社會形態，「原始羣」生活方式就產生了。後來逐漸演進，這個羣體發展出了比較完整的組織，有了分工，紀律也較嚴明，雖然仍是以血緣為主，但是組織擴大了，就逐漸步入「氏族社會」形態，也因為這種社會組織的改變，才促成新石器時代的繁榮。

前述二者，或是以石器工具的製造方法來劃分，或者是以社會組織狀況來劃分，基本上是沒有什麼差異的，我們所要認識的是，人類文化的演進，都是逐漸形成的。

第一章 ✣ 元謀人

　　元謀人，是目前我國所發現的最早人類化石，發現地點是在雲南省元謀縣上那蚌村附近，當地是一個處在羣山中的小盆地，位於金沙江邊，海拔一千多公尺，另有一條小河龍川江流穿該地，在一九六五年的考古挖掘中，出土了同屬於一個年輕男子的中上門齒化石（兩顆），地質年代判明為「更新世」，依據碳十四測定，距今約有一百七十萬年，經鑒定比對，該人類體形特徵與北京人相似，但比較原始，也表示年代較早。伴隨化石出土的還有豐富的動物化石，大量炭屑與少量的石製品；在動物化石遺骨中，部份有人類加工的痕跡，可能是用來製作骨器的；此外，在大量炭屑的集中地，常件有動物碎骨化石，及部份明顯燒焦的骨頭，這證明元謀人已經知道用火了；在這個遺址中，共出土了十七件石器，都是石英岩打製而成，初步以用途分類，可概分為：刮削器、尖狀器、砍砸器三類，由出土石器來分析，元謀人可能已經知道對石器的選材了，因為他們的石工具都是選用比較堅硬的石英岩，而不用砂岩、片頁岩等。但這項選材，似乎只停留在實用的基礎上。（如圖九）

（圖九）本圖兩件石器，為元謀人所使用的打製石器，器形不整，據知此類器形為刮削用，為人類最原始的石器工具之一，從圖上我們一點也看不出寶愛石器的現象，顯然距我國玉器文化的形成階段還很遙遠。

第二章 ◈ 東谷陀人

　　發現於河北省陽原的東谷陀遺址，出土石器較多，經比對，發現製作出來的石器工具，類型有固定的傾向，製作技術也比較熟練，使用的材質是燧石，但是與遺址存留的燧石作比對，東谷陀人已經知道選用燧石中比較優秀的材質來製作石器了，據碳十四測定，東谷陀遺址距今約一百萬年，屬早更新世之末，顯示我國在舊石器時代中期，先民對石材的好壞，已經有一些概念了。

第三章 ✧ 藍田人

　　一九六三年大陸中國科學院古脊椎動物與古人類研究所，在陝西省藍田縣陳家窩村實施田野考古挖掘，挖出了一件上古直立人的下頜骨，經鑑定，確為古人類化石後，即命名為「陳家窩人」；但第二年（一九六四年），依地層分佈探試，又在藍田縣公王嶺遺址先後挖掘出上古直立人的下頜骨、頭骨各一件，還有十餘枚牙齒，與陳家窩人屬同一系直立人，故而通稱為「藍田人」。伴隨藍田人化石出土的還有古鹿、劍齒虎、劍齒象的動物化石，依據該頭骨化石的形態、特徵檢視，發現骨壁厚，腦容量不大，額骨寬，伴以其他出土資料鑑定，藍田人距今約八十萬年到六十萬年間，比北京人、爪哇人都要早，但同樣的，在該地區也發現一些敲打製成的粗糙石器工具，但因使用的石料不佳，使許多石器的製作痕跡不明顯，難作比對分析。

第四章 ◈ 北京人

　　雖然，北京人的年代未若前述三者久遠，約距今四、五十萬年（也有學者估算距今約二十萬年），但因為發現的時間早，且又是國際合作的共同發掘成果，故而名氣反而較大。

　　其發掘過程是：在一九二一年（民國十年），我國田野考古萌芽之初，北洋政府即聘請瑞典考古學家安德生在北京西南周口店的龍骨山作考古挖掘，發現了古人類牙齒化石一顆，但當時部份中外學者對中國是否曾有上古人類存在，仍有懷疑；但其後陸續有學者參加工作，如我國的李捷、瑞典學者步林等；到一九二九年十二月二日，我國考古學者裴文中在周口店挖掘出了第一個北京人的頭蓋骨，證實了北京人確實存在；在當時，是世界人類化石研究史上的一件大事，因為他糾正了不少西方學者認為：「中國土地上不可能產生古人類，中國土地上的人類是從南亞地區遷移過來的。」錯誤觀念，正式命名為「中國猿人北京種」，簡稱「北京人」；其後一九三一年，裴文中在主持周口店遺址的「鴿子堂」洞穴挖掘，又發現了大批人工打製的石英石工具製品，及在洞穴深處找到不少木炭屑；從大自然雷電造成的自然火災，不可能延燒到洞穴深處來研判，北京人已經知道用火了。

　　據統計，在北京人遺址中前後發現了十萬多件的石器與石片，其中兩萬多件有使用痕跡，在製作上都很粗糙，但在材質上可分為兩類，一類是礫石，包括沙岩與火成岩，以打擊方法製成厚刃的武器；另一類是石英石，打製成薄片形，利用銳刃來切割、刮削，所以石器以用途分，大致上可區分為砍砸器、刮削器與尖狀器各類，學者認為北京人就是利用這類石器及木棒、骨器等最簡單的工具，與自然界的各種挑戰搏鬥。（如圖十、十一）

　　但到了北京人晚期，在已發現的石器中，有些小石錐類的後部有尖狀石柄，而這類尖狀石柄，卻更不適合人類手握，故而有人認為，這一部份可能是用來裝握把的，果真如此，有可能把我國最原始的「複合工具」提前到二十萬年前；因為以往我們一直認為這種工具，是首先發生於幾萬年前的細石器文化。

第五章 ✦ 金牛山人

　　金牛山人因在我國東北遼寧省營口縣金牛山鎮所發現的，因而命名。在一九八四年初次挖掘時，就掘出了包括頭骨、脊椎骨、肋骨、趾骨、尺骨、腕骨、掌骨、指骨、蹠骨、跗骨等化石，經拼湊，發現這是屬於同一個年輕男子的身體，經碳十四測定，距今約有三十一萬年了，這在考古界是相當難得的，因為一套完整的早期史前人類化石，使我們對史前人類生活、習慣、體態等，都能有進一步的瞭解。

　　經分析研究，金牛山人在某些地方的確已經逐漸進步，使用打製石器也有較成熟的趨向，但是仍舊沒有磨製石器的跡象發生。

（圖十、圖十一）上圖是摘自故宮文物月刊中，「北京人製造工具想像圖」，北京人雖仍屬原人，但與早他百萬年的元謀人比較，顯然有一點進步，從出土資料顯示，他們也知道使用骨器及木器，而打製出來的石器也比較工整些，這也許是北京人多多少少已經掌握了一點打製石器的技巧。

第六章 ✦ 馬霸人、柳江人

　　一九五八年在廣東省韶關縣馬霸鄉獅子山岩洞挖掘出一些人類化石，其中有一個頭蓋骨的前邊，並伴隨一些動物殘骨化石，據測定，距今約在十五萬年左右，經命名爲「馬霸人」，非常可惜的是，沒有找到馬霸人的石器。

　　同年，在廣西柳江縣通天岩洞穴，也出土了部份人類化石（包括一個頭蓋骨、若干四肢骨和脊椎骨）與石器，據測定，其年代約與馬霸人相接近，約爲同一時期人類，但爲便於分辨，命名爲「柳江人」。

第七章 ✧ 長陽人

一九五六年大陸考古學家在湖北省長陽縣越家堰的洞穴中發現的，在一塊人類上頜骨的部份化石上，尚嵌有牙齒兩顆，依牙齒咬合面的紋理分析，門齒是鏟形，與北京人相同，是蒙古人種的特徵之一，但仍屬早期智人階段，距今約爲十四、五萬年，與馬霸人、柳江人相接近，但略晚一點。

第八章 ◈ 丁村人

　　「丁村人」是大陸中國科學院古脊椎動物與古人類研究所於一九五四年在山西省襄汾縣丁村附近所發掘出來的，共出土有門齒兩枚、臼齒一枚，及兩、三千件石器製品，及一些動物碎骨化石，經檢視這些牙齒，是屬於同一個古人類的（可能是兒童），年代更近於長陽人，距今約為十一、二萬年之間，而伴隨出土的石器類別上，除舊石器時代典型的砍砸器、刮削器、尖狀器外，還有厚三稜尖狀器及石球狀工具，這二類石工具，是前述其他古人類遺址所不曾出現的，可以當作丁村人的典型石器。據研究：厚三稜尖狀器可能是以挖掘為目的，至於石球狀工具，則可能為狩獵用投擲器，也可能有其他特定用途（有學者研判：可能是製作狩獵用流星索，可絆倒高速度行動的鳥獸，但不能證實）。

　　基本上，丁村人使用的石器仍是打製石器，但製作的技術已經明顯比北京人進步很多，並且有二次加工的現象，一般考古學者，把丁村人生存的年代稱為舊石器時代中期。

第九章 ❖ 資陽人

　　資陽人發現於四川省資陽縣城東黃鱔溪的南岸，他的發現，其實是偶然的；首先，於一九五一年工程人員興建「成渝鐵路」時，在作橋樑工程，工人們挖出一個頭骨，後經確定為舊石器時代人類化石，第二年正式在黃鱔溪附近展開挖掘，可是除一件骨椎外，沒有發現其他的文化遺物，而這件骨椎是用三稜形的骨片，用刮削方法製成，尖端並不長。

　　檢視資陽人的頭骨，仍具有一些原始性質，如：眉骨較現代人顯著，額骨和頂骨則較現代人扁平，年代大約早於山頂洞人，一般認為距今約三萬年。

第十章 ◈ 河套人

　　河套人是我國早期發現在黃河上游的一支舊石器時代遺址，後來經過法國學者研究，認爲年代在「更新世」晚期；因爲出土的人類化石、哺乳動物化石、石器工具都很豐富，所以有人稱之爲「河套文化」。他的地點以內蒙古自治區薩拉烏蘇河及寧夏自治區靈武縣的水洞溝爲代表，從出土石器發現，河套人是用河床上採集的礫石，打成碎片，從中選擇適合多種用途的石片，再加工作成各式各樣的工具。河套人的石器已經有下列特點：

　　一、石器有簡單的類型，證明河套人已經爲適應不同的需求，來製作工具。

　　二、河套人對石器已經確定使用二次加工的方式來製作，可是從工具不整齊的鋸齒狀邊痕觀察，顯示他們的二次加工還是採用自由打擊的方法。

　　所以，學者們從河套人使用工具的總體性質分析，及出土動物化石的豐富程度，認爲河套人已經從簡單的「原始族羣」形態，開始往「氏族社會」的型態過渡。

第十一章 ✧ 山頂洞人

　　這是一九三三年，由我國學者斐文中主持，在北京周口店龍骨山山頂洞的遺址挖掘出土的史前人骨化石而命名，前後共掘出八個古人類個體，其中三個頭骨化石比較完整，經分析，其中一具為五十多歲的老年人遺骨，兩具為女性遺骨，伴隨出土有少量的石器與相當數量的裝飾品，經測定，距今約一萬八千多年，依人骨化石分析，山頂洞人的體質形態和現代人已經相同，在考古學上稱之為「新人」。使用的石器雖然還是很粗糙，但是飾品已經製作得十分細緻，出土種類包括：作為裝飾用的小石珠和穿孔礫石，修飾過的獸類牙齒、魚骨、海蚶殼……等。

　　此外，並發現了骨針，這說明在某些細小器形上，山頂洞人已經掌握了鑽孔、磨製、刮挖等技術，尤其能在細達零點三公分的骨針上鑽孔，反映出那時人類手工藝技術已經很高超。而且部份石珠、魚骨製飾品，他們用赤鐵礦（氧化鐵）塗抹成紅色，以強化裝飾效果，這

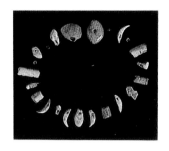

（圖十二、圖十三）此二圖爲山頂洞人遺址出土的飾品與石器；上圖飾品材質有貝殼、石材與骨材，這些沒有實用價值的佩飾，顯示山頂洞人已經有具體的審美觀念了。而下圖的石器工具，爲作刮削用，顯然是二次打擊製成的，可能第一次打擊，先製成胚，第二次再打擊成需要的器端。

個現象，表現出山頂洞人在生活型態上，已經有了具體的審美與藝術概念。此外，在山頂洞人的原始墓葬中，發現有在屍體周圍撒赤鐵礦粉粒的現象，可能在當時已經有了原始宗教觀念。據出土資料分析，山頂洞人洞穴中共有五十多種動物化石，其中包括魚骨，這表示在生活型態中，山頂洞人還是過著以漁獵採集爲主的生活。

　　此外，於一九六二年大陸在山西省朔縣峙峪村附近發現了一處舊石器時代後期的文化遺址，有稱爲「峙峪文化」者，經碳十四測定，其年代約與山頂洞人相同，在出土石器中有石鏃與類似弓箭遺跡出現，顯示在該時期前後，可能已經有弓箭使用了，弓箭不但是重要的複合工具，而且延伸、突破了武器長度的限制，使狩獵的能力大幅提高，因此，人類征服自然的力量也提升了，如此的進步，促使人類文化更精進，而逐漸步入了新石器時代。

第十二章 ✦ 結語

　　有部份以石製工具的製作方法來劃分時代的學者，主張列山頂洞人為新石器時代，目前以地層與遺址的資料分析來看，仍然劃為舊石器時代後期為宜。

　　從我國的幅員來分類，約自淮河、秦嶺為界，可劃分為南方與北方，但因為土地遼闊，除了南、北方的文化不相似外，東、西兩部份因舊石器時代自然環境的不同，也出現了文化差異；但大體來說，北方的發展優於南方，近年大陸更在海城小孤山遺址中發現了骨針及有倒鉤的魚叉，據測定距今約四萬年，比山頂洞人的骨針早了兩萬多年，更是證明。

　　但是以整個舊石器時代來說，人類文化的進步，是有幾個重要的轉捩點，尤其是火的發現與使用，及弓箭的發明與使用，是人類文明中最重要的兩個里程碑。因為，火的使用，除了可以取暖、照明外，更促使人類熟食，不但消極的減少了疾病、死亡，更積極的使人類更容易吸收養分，促進了人類體質上的發展進步。而弓箭的發明與使用，不但擴大了狩獵的範圍，也提升了狩獵的能力，同時也表示人類對石器工具的處理能力有了更多進步，在這兩項重大的發現之後，都可看到人類文化快速進步的現象。

　　以石器資料來分析，舊石器時代屬打製石器的範圍，除了製作方法粗笨，加工手段簡單而原始外，打製石器對石料的選擇也有特別的範圍，例如：石材需要硬度大、具有一定範圍的韌性與脆性，如此，在砸擊或錘擊中比較容易打碎，而且容易破裂成合乎要求的石片；所以，基本上，舊石器時代的先民們，以自然界的岩石為製作石器的石材，而石材的一些物理性質，又約束著先民們對石材加工製作方法，例如：分析的北京人石器工具的材質，就多達四、五十種，但最常用的是脈石英，占將近百分之九十，而水晶占百分之四，砂岩占百分之二，燧石占百分之二點多，其餘四十多種材質，才占百分之一點四。

　　到了「丁村人」時代，依出土石器的材質分析，以角頁岩為主（黑色、質地極堅硬），占近百分之九十五，但在較軟的石灰岩類，丁村人則作為石球，顯示已經有基本上的選材能力。而總的來說，我國舊石器時代遺址所出土的石器材質，雖受區域性岩石、礦物的分佈影響，但每一遺址都是以一、兩種石材為主要原料，但愈往後期發展，

選材的範圍便逐漸擴大，這說明人類除了製造石器的技術在進步外，也顯示人類對石器選材上的認識也有進步，到河套人時代，就已經有類似「因材器使」的現象了。

第十三章 ✥ 論舊石器時代與
玉器文化的關係

　　在舊石器時代明顯的玉器文化還沒有形成（也許有美石工具）。所以，從表面上來看，他與玉器文化好像還牽涉不上關係；但是，若沒有舊石器時代先民們歷經數百萬年以石器爲主要的維生工具，在製作與選材上逐漸累積經驗而進步，又如何能在新石器時代發現美石的存在，繼而開展我國近萬年的玉器文化呢？所以，我們就玉器的觀點來看，舊石器時代實在是我國玉器文化的孕育期。

　　在我國的歷史上，對舊石器時代並沒有可信的記錄，但卻留下了一些傳說，如：

　　「盤古氏開天闢地。」

　　「構木爲巢，以避羣害，號之有巢氏。」

　　「鑽燧取火，以化腥臊，號之曰燧人氏。」

　　……等。

　　但與玉器美石有關的，卻有「女媧氏煉五色石補天」的傳說，雖然荒誕不經，但在這個故事中，卻表現出，在我國民俗文化中，對美石的評價是極高的，也許這因爲是火山爆發，天落火山石，先民附會成天由美石製成，但對美石的認知與價值觀，則盡在其中矣。

【第二編】 新石器時代

（距今約一萬年到四千年間）

　　史前先民在長時期的混沌摸索中，逐漸由打製石器工具階段，進步到磨製石器工具的階段，雖然，這只是工具製造最原始的一點進步，但卻對人類文明產生了鉅大的影響，也開啟了我國玉器文化的第一章。因為，極原始的就地取材與打製石器，就使用目的而言，稱手、合乎需求的機會是很低、很低的；所以，不論捕魚打獵、挖穴住居，他的生產效能也是很低的，但是，進步到磨製石器工具的階段就不同了，因為工具的精確性提高了，自然而然的生產力也跟著提高；如此，不但改變了個人的生活，甚至影響了整個族羣及社會形態；所以說，當人類進入了新石器時代以後，各方面的改變都是相當大的，例如：

　　一、社會組織形態的改變：因為生產力的提高，使原本鬆散僅以求生為目的的原始族羣，逐漸演化成氏族族羣的形態；在這個變化中，族羣的紀律嚴明了，族羣的形態也擴大了；因為組織形態的擴大，在單一個體不可能通曉、負擔各類事務的狀況下，自然而然的產生了分工的現象，在已發現的許多新石器時代遺址中，有的遺址出土石器工具，既未使用，卻聚在一處，這就明顯證明，石器工具的製作，已經不像舊石器時代個人隨取、隨作、隨用的形態，而已步入專人製作分工的狀況了。

　　二、氏族領袖的產生：當一個組織逐漸擴大、分工逐漸細膩、紀律逐漸嚴明時，執行紀律與分配工作的強人必然產生，否則，組織型態必退回鬆散；同時，這個強人也多是在組織中能力最強、貢獻最多的人；在古籍中如易經・繫辭：「古者，包（伏）羲氏之王天下，作結繩而為網罟⋯⋯。」韓非子有云：「構木為巢，以避羣害，稱有巢氏。」⋯⋯等。這些上古的傳說，如伏羲、神農、有巢⋯⋯等人，我

們雖然不能確定是否真正存在過，但若有，也應該用氏族領袖的角度來看待。

三、區域文化差異的存在：在各新石器時代遺址中，我們可以察覺到明顯的文化差異，不但出土工具用品的型式有差異，在諸多宗教、藝術、生活習慣的資料分析上，也看出明顯的不同，例如：仰韶文化的墓葬是穴葬，並有二次集體葬的習慣，良渚文化則有「土築高台」再入葬的習俗；又如：大汶口文化的一些工具形式與大溪文化有相當大的差別；我想，這應該是可以理解的，因為：在各地區文明進程中，各原始羣在獨立運作百、十萬年後，除了自然界的影響與啓發外，進步的動力，還是以需求為主，故而在殊異的環境中，因人種稟賦的差異，所孕育出來不同面貌的文化型態，乃是正常的。

四、氏族部落間的爭戰與融合：當氏族部落逐漸擴大時，各類資源的需求，必然提高，這種現象，導致氏族部落間的摩擦隨時可能發生，例如：一塊傍水避風的山坡、或一片可耐久居的水草，都可能是氏族部落間爭戰的導火線。古史記載黃帝與蚩尤的涿鹿之戰，部份史家解釋成為「正義與邪惡之戰」或「以仁義伐不義」，顯然是過於主觀而有政治用意，筆者毋寧把他看成天然資源之爭比較正確些。同時，在爭戰中彼此戰利品的擄獲，人員彼此之被俘虜，也造成文化相互影響與融合的現象。

五、社會階級的產生：在舊石器時代步向新石器時代的階段，因為族羣的擴大，產生了領袖，而在氏族、部落的爭戰兼併中，俘虜也成了必然的現象，在爭戰中落敗被兼併或被俘虜的一方，他的地位是卑下的，因為征服者與被征服者是不同的，這種例子，散見於世界各地的史前文化中，這是歷史的必然，也是人類的天性，故而，社會上的階級與樊籬就由此產生了，統治階層與奴隸階層所表現出來的，已非原始羣階段，強者與弱者的關係，因為那是物競天擇的必然淘汰，而新石器時代社會階級的產生，已經把統治者與被奴役者在階級分界上，賦於了合理的理由。

六、農業定居的生活方式逐漸形成：在舊石器時代，人類追求生活，所選擇的地點是很單純的，那就是——有利於生存，當這個條件消失後，人們就必須遷移，在如此長期的流徙、採集、漁獵過程中，某些可以種植的糧食、蔬果，啓發了人類，於是由漁獵、採集逐漸趨向於農業定居社會，成為新石器時代的特徵（北方細石器時代則由漁獵走向畜牧），於是，我國定居農耕的社會開始萌芽了，村落的組織

也開始形成了，不論氏族領袖如何變動，逐漸形成的農業社會、村落組織，卻是一直往進步的方向移動的，除非遭遇極嚴重的天災人禍，像旱、澇、河川消失、爭戰、瘟疫……等，才會使新石器時代的先民們又歸向流徙，但那也是短暫的，俄爾，又定居在另外一個地區。

七、已有畜養家禽家畜的行為：也許某些地區，在舊石器時代後期，就已經個別有畜養家禽、家畜的行為（未確定）；但是在新石器時代的各處遺址中，多發現有豬、狗、牛、羊的遺骨大量出現，數量上已經不可能用野生獸群出沒來解釋，明顯是人為豢養的結果。又如：在大汶口文化墓葬中，有以豬隻殉葬的風俗，一墓中曾有豬骨十餘付，也足證明；其實，從人類文明進展的腳步來看，畜養家禽、家畜，可以說是農業定居社會形成後的必然現象，而且為人類的進步，提供了很大的助力，因為家禽、家畜可以消耗一些人類廢棄、剩餘的糧食，相對的家禽、畜本身，卻成為人類活動的糧倉與營養來源，如此，人類的生活更容易，蛋白質的攝取更充足，文化進步的狀況，自然就更加快了。

八、桑蠶織布等紡織業已現雛型：在新石器時代各文化遺址中，多有植桑養蠶的現象，但卻有許多學者存疑，直到近年，在河姆渡文化遺址地層中出土了蠶圖資料，方釋羣疑，此外，在曲家嶺文化中，也出土了葛布一片，更證明在新石器時代，紡織手工業已經存在了，雖然，我們相信，這種重大的文化進展，是逐步形成的，而確實的起源狀況，我們目前還沒有辦法確定，可是，它卻標示著人類從茹毛飲血、赤身露體的舊石器時代（或以獸皮、樹葉蔽身取暖），已經進步到視衣著為需要、必要的情況，顯示人類靈智已開，具體的知廉恥、明美醜了。

九、製陶手工業已相當興盛：水是人類生存的三大要素之一，但是不同於空氣與陽光，它是可以儲存的，在最早期的人類原始羣時期，人們是傍水而居，因為人們無法離開水源一定的距離，而陶器的出現，解決了汲水、貯水、攜水的問題，不但解決了生存的困難，給人類帶來了許多便利，更具意義的，是使人類生存、活動的空間加大了，如此，衣食的來源更容易補充，物質上的便利，也促進了文化的提升；此外，就陶器本身而言，它也標示著是人類一項重大的文明進展，因為使用陶泥、攪拌、成形、焙燒的過程，不但選材、取材、工藝、控制火候……等缺一不可，可貴的是，產出的成品與原來的材料已變成完全不同的物質，用科學的角度來說，在製陶過程中，已經完成

（圖十四）這件在河姆渡文化遺址出土
的象牙小盅，現存浙江省博物館，器形
雖僅高二‧四公分，但是製作細緻，圖
紋、雕工均見匠心；特別值得我們注意
的是，在器身外壁雕出的蠶形圖案，不
但形體寫實，更證明我國養蠶、繰絲的
技藝，早在六、七千年前就已經形成了
；此外，從河姆渡文化的孢粉分析中，
發現有桑樹花粉，也足證明。

了一次化學變化，不論當初先民是否知悉，及起源於何時（目前確是
不知），但陶器的發現與廣泛使用，不論從什麼角度來看，都是一項
劃時代的突破，也許因為陶器對人類生活太重要了，所以先民們在新
石器時代中、後期，多將陶器加上一些圖案，其中雖有部份可能是以
裝飾為主，但筆者仍認為，大多數具有特殊的神秘意義，目前學者對
這些圖案多偏重出土實物的比對，可是深入研究，探討它內涵意義的
卻不多見，殊為可惜。

　　十、原始宗教的產生：先民因對大自然、宇宙現象的不瞭解，對
風、雨、雷、電等自然力量的畏懼，及對人死亡現象的迷惑，在主觀
的認知與解釋下，最原始的鬼神敬畏信仰產生了，這在世界各史前文
化中都有相同的現象，只是文化環境的差異而有不同方向的發展，形

（圖十五）陶器的出現，不但改變了史前先民的生活方式與空間，而陶藝本身，也是一個將泥土變成陶材的不可逆化學變化，這個進程不但標示著人類文明進步的轉捩點，也更開啟了原始藝術的新境界；基於藝術共通的現象，美石的雕刻、造型，受陶器的影響是很大的，例如：這件泥質夾砂的陶人頭，是仰韶文化遺址出土，他提供給我們與玉器文化可能有關的資料是：額上的裝飾帶型，對玉雕的紋飾有影響嗎？兩耳的耳洞，表示這支文化已經有戴耳飾的習俗，是玉器嗎？

成不同面貌的原始宗教；從現有的出土資料分析，例如：山頂洞人已有將死者掩埋，並在屍身四周灑紅粉的習俗……來看，我國至少在舊石器時代後期就已經有原始宗教的萌芽現象，但是逐漸發展的結果，到了新石器時代，各地區的宗教、鬼神崇拜行為，已經成為人類生活的重要支柱。雖然，目前我們對這一部份資料瞭解的並不多，但是就已出土的遺物，如紅山文化牛河梁遺址的女神廟及泥塑羣，良渚文化出土的獸面紋（神徽？）玉琮……等，已顯示出新石器時代原始宗教

（圖十六）新石器時代的來臨，改變了人類社會型態，而這個改變，從許多方面分析，都有利於玉器文化的形成。而玉璧則爲我國最具代表性、又最普遍的器形，在各地區史前文化中，幾乎都有出現，他的器形演變，大約是從小圓珠或小扁珠佩飾逐漸放大，到新石器時代中後期，大型玉璧就出現了。本圖所示玉璧，外徑近四十公分，是目前所知出土最大的玉璧，依器壁所留直條鋸痕，當爲直線鋸沾解玉砂開片，中孔單面鑽成，比例略小，僅六‧五公分，可能爲良渚文化遺物，此器現存台北故宮博物院。

的興盛程度了，尤其令我們驚訝的是，氏族、部落領袖常將這種無形的信仰與有形的統治機構連接在一起。從已有的證據顯示，原始宗教在新石器時代，多是以政教合一的神權方式行使的。

十一、原始藝術的產生：在歐洲已經發現了一些舊石器時代後期的洞窟繪圖與雕塑，目前在我國雖也有陰山岩畫的發現，但確實的年代能否追溯到舊石器時代仍有疑問，但已可確定的是：到了新石器時代，原始藝術已經在我國各個文化區蓬勃的發展起來。從陶器多彩豐富圖紋的發展，我們明顯可以看出原始藝術發展的脈絡，最早期，是以實用為主要前提，但逐漸的，人們注意到了器型美觀的問題，繼而在器具上彩繪線條、圖案，到了新石器時代後期，這種以滿足生活需要為主的實用陶器，多已具有可滿足精神需要的高藝術品了。當然，在這個發展過程中，職業的分工與原始宗教的形成，都有相當重要的催化效果。

綜合前述各點，我們歸納出一些與玉器文化形成有關的結論：

一、社會組織型態的改變——因為職業分工的形成，將石器製造變成專業的型態，使人類對高貴的石材更能掌握與運用。

二、氏族領袖的產生——在區別上，領袖的儀杖、配飾，當然與眾不同。

三、區域文化差異的存在——使我國石玉雕刻製品的形制，有更廣闊的發展空間。

四、氏族部落間的爭戰與融合——使石雕、石材及刻工、經驗都有交流。

五、社會階級的產生——使奴隸羣能以極長的時間製作工藝品，以取悅統治者（或神祇）。

六、農業定居生活方式的形成——使工藝製造業（包括製玉），能安定發展。

七、家禽家畜的畜養——使人類物質生活較富裕，有利於精神生活的提升。

八、紡織手工業的形成——使人際關係中禮儀、社交的行為更理性。

九、製陶手工業的建立——增加了人類的生活空間，使人類對自然界物質的取材空間也隨之加大。

十、原始宗教的形成——使拜物與「圖騰」的現象產生。

十一、原始藝術的產生——使從勞動工具與生活器具上發展起來

的原始藝術，很容易的融入生活中。

　　從前述的結論，我們可以看出，我國玉器文化在新石器時代形成，繼而大盛，是其來有自的。

　　茲將新石器時代，我國重要的文化遺址，有玉器出土或對玉器文化形成，有重要影響者，簡述於後。

第一章 ◈ 斐李崗文化、磁山文化

（圖十七）這件陶人頭是出土於河南省密縣莪溝村北崗的斐李崗文化遺址，用途不詳，作工也簡略，但樸質中卻略顯憨態的造型，仍頗有可觀；依出土地屬分析，此像年代距今約七千年以上，是新石器時代早期偏晚的工藝品，也是我國目前在中原出土的第一件人面頭像。

一九七七年河北省文物管理處在河北省武安縣磁山發現了一處新石器時代較早階段的遺存，繼而在河南新鄭斐李崗地區也發現了一處遺址，更早於磁山遺址，這兩處遺址的文化內涵大致相似，均早於仰韶文化，正好可以填補我國新石器時代早期中原文化的來源，故而分別命名為「斐李崗文化」與「磁山文化」。

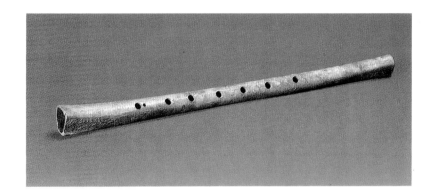

（圖十八）圖示骨笛出土於河南省舞陽縣的賈湖村，屬斐李崗文化中期遺物，一次在遺址中出土十餘件，一般都鑿有七孔，並個別再鑿定音的小孔，現在分析，可吹出七個音階，由此顯示，這支文化先進的程度，但與前圖的陶人頭相較，造型藝術顯較落後。本笛經分析，材質爲大形猛禽（可能是鷹）的腿骨，截去兩端製成。而在東方河姆渡文化也有骨笛出土，但不若此器完整。

　　從這兩支文化的遺址來瞭解：當時人們居住方式仍爲半地穴式，房基有方形與圓形兩種，並有伸出房外的階梯形門道，房內有土灶，是以雜草拌灰泥築成。出土的遺物有：

　　一、石器：以磨製石器爲主，但仍雜有打製石器，器形包括磨盤、棒、鏟、斧、鐮、彈丸……等。石材以燧石爲主，其次爲石英石。（燧石爲半透明的二氧化矽，質地細膩、堅硬；石英石則爲半透明乳白色，質地亦美好堅硬，二者均可稱爲美石。）

　　二、陶器：一般均爲手製，以夾砂紅陶爲主，泥質紅陶次之，另有少量的泥質淺灰陶，夾砂紅陶有夾砂的，也有夾蚌殼粒的，胎壁厚薄不一，器形已有罐、鉢、三足鼎、雙耳壺、杓、杯、盆、紡輪……等。器物多素面，少量飾有壓印點狀紋、箆紋、劃紋、指甲紋、乳丁紋等。

　　在墓葬方面，墓式多爲口大於底的長方形豎穴土坑墓，葬法則以單人仰身直肢葬爲主，偶有二人合葬；但幾乎都有隨葬物品，以材質分，有石器、陶器二類，每墓多者八件，少則一、兩件，但也有多達十餘件者；隨葬品多放置在骨架的左髖骨或左下肢旁，少數則置於骨架的左側或左、右側。器形如下：

一、墓葬石器：包括磨盤、磨棒、鏟、斧、鐮等各類，基本上與遺址出土的相類似，其中以鏟最多，磨盤是由黃砂岩製成而與磨棒配成一組，斧為弧形雙面刃，通體磨光，製作精緻，其中部份未有使用痕跡。比較特殊的是：有磨盤、磨棒隨葬的墓，沒有斧、鏟、鐮隨葬，反之，亦同。

二、墓葬陶器：形制、紋飾、器形與遺址出土者大抵相近，但卻以泥質紅陶為主，夾砂紅褐陶次之。

（圖十九）本件石雕人頭像，出土於河北省武安縣磁山文化遺址，上有一孔可穿繫佩掛；目前我們所知道，我國玉器文化最早的起源是石器佩飾，再逐漸進入美石佩飾；以此像觀察，磁山文化先民對玉材的選材，還不見美石概念，故可知玉器文化此時在中原還沒有萌芽，但依雕工來看，一些陰紋表現的方式，如口、唇，已粗具藝術性，這也證明，早期的製玉技術是源自於製石。

這兩支史前文化，為新石器時代在黃河流域的早期遺存，經中國社會科學院考古研究所實驗室進行碳十四的測定，其年代約在西元前五千年，從出土石器中的石鐮、磨盤、磨棒等生產工具分析，可知在

（圖二十）本件紅陶三足壺，是出土於河南省新鄭縣斐李崗遺址，地屬證明，較前圖石雕人頭像早，而此器雖手製，但器身的造型，雙耳繫的對稱，三足呈錐形向外撇，都顯示出相當的藝術性。所以，中原地區的史前文化，陶藝高於製玉，確是事實。

該階段，鋤耕農業已經發展到相當的水準；土葬方法、隨葬習俗也已形成，在墓葬品中隨葬物的種類不同，可能是男女分工的差別。這也證明隨葬文化的形成，是先民認爲：「人死了，只是要到另外一個不可知的地方工作生活，如此，自然要將亡者的工具、器用（陶器）等予以隨葬。」這也就是爾後玉製工具、武器隨葬的雛形。

　　如果我們從玉器文化形成的觀點，來看這兩支文化，可以有下面的結論：

　　一、不論從隨葬石器或遺址石器的資料來瞭解，在選材上，除了注意材質的實用性外，也有往美石取材的傾向。

　　二、從陶器資料顯示，在此之前，陶器應該還有一段相當長的成長過程（只是遺址目前還沒有發現而已），但陶器上的一些紋飾，對我國早期的玉器紋飾，是有一定程度的影響。

　　三、墓葬石器、飾品與工具，確爲玉器隨葬的先聲，這與原始宗教信仰有關，但起初並未有斂屍的意義。

第二章 ✥ 仰韶文化

　　仰韶文化在我國考古史上是發現比較早，所獲得的研究也比較多的一支史前文化，但是因為涵蓋面積廣，對各地區影響面大而且複雜，所以在作界說時很容易引起爭議，故而筆者僅能以比較客觀的態度來作概略說明。

　　仰韶文化最早是由瑞典學者安得生於一九二一年率人在河南省澠池縣仰韶村所發現的，確定為新石器時代遺址後，即命名為「仰韶文化」；在陸續的發掘中，出土了大量磨製石器，細泥紅陶及夾砂紅褐陶，在紅陶上常繪有幾何圖案或動物花紋，故而又名「彩陶文化」。初時，大家認為這就是我國新石器時代文化的唯一代表，由於地處黃河中游，大家也更對我國文化發展的「中原文化中心論」深信不疑了。

　　但從安得生起以迄今，在我國陸續出土的許多新石器時代遺址中，以出土器物比對分類，有許多都可歸納為仰韶文化，故而他的涵蓋

（圖二十一）本器目前訂名為「彩陶船形壺」，出土於陝西省寶雞縣北首嶺遺址，全長近廿五公分，高近十六公分，造型為兩頭尖形，壺腹兩面，有用黑彩繪成的方格紋，類似船上曬網，故名之為「船形壺」；紋飾是否為網，筆者存疑：因為仰韶文化彩陶器底常出現編織紋，是因為陶胚作好後，放在蒲蓆上曝曬所形成的，器身的紋飾應以這種蒲蓆來解釋，方較合適，因為圖飾邊緣可看作草繩作結紮的圖案，這種斜方格紋，就是爾後玉雕中蒲紋的起源。

面幾乎包括整個黃河中、上游。另以碳十四測定分析，他的時間跨越
面，前後達兩千多年（約自西元前四千五百年到兩千五百年間），以
如此的分佈面與長時間的發展，對我國文化發展的影響，的確是相當
可觀的。

（圖二十二、圖二十三）仰韶文化的半　　世紀以後才出現，顯示我國造型藝術先
坡遺址中，彩陶紋飾極為進步，比較特　　進的狀況。下圖魚紋，不論從尾、鰭、
殊的是魚紋，如上圖的魚紋與人面的結　　牙觀察，在仰韶文化時代已不可能存在
合，圖中帽頂、鬍鬚部份，在此器中已　　，因為這是上古魚類的特徵，所以筆者
轉化成魚形，造就成一幅以魚為主體的　　認為，石器中一些化石的紋飾，對我國
圖案，這種表現方式，在西方，直到中　　彩陶紋飾的造形，是有重大影響的。

（圖二十四）本器為「人頭器口瓶」，材質為細泥紅陶，以黑陶繪紋飾，為標準仰韶文化廟底溝類型，瓶口作一立體頭像，造型寫實、可愛，眉清、目秀，髮作瀏海，為一荳蔻少女，單純溫馴，器身呈柔和的長橢圓，紋飾為類似的幾何抽象圖形。另本器兩耳穿孔，顯有配帶耳飾的習俗，參照仰韶文化墓葬，常出土石環在墓主骨架顱骨畔，當可確定。

目前，我們可以確定裴李崗文化與磁山文化早於仰韶文化，而裴李崗文化中的圓形半地穴式房基；陶器中的侈沿罐、圓底鉢；紋飾中的乳丁紋、指甲紋；石器中的磨盤、鋸齒鐮、扁圓體石斧……等，都散見於早期仰韶文化遺址中；所以，我們可以肯定的說，仰韶文化承襲了裴李崗與磁山文化的一部份。但仰韶文化也發展出他自己的系統與風格，可是因為分佈面太廣，歷時又較長，各地區的內涵都有一些差別，目前考古學者多將仰韶文化劃分為：

一、寶雞北首嶺遺址的「北首嶺類型」。

二、西安半坡村遺址的「半坡類型」。

三、河南北部安陽后崗遺址的「后崗類型」。

四、河南安陽大司空村遺址的「大司空類型」。

五、河南陝縣廟底溝遺址的「廟底溝類型」。

六、鄭州大河村遺址的「大河村類型」。

七、山西南部芮城西王村遺址的「西王村類型」。

八、黃河上游甘肅地區馬家窯遺址的「馬家窯類型」或稱「甘肅仰韶文化」。

但迄今為止，仍有不少遺址在繼續出土中，學者只是將具有仰韶文化基本特徵，而又有不同文化內涵的遺址，以類型了以分類，但因見人見智，仍有不少的意見分歧，例如：有學者就主張將馬家窯類型自仰韶文化中獨立出來，而稱為「馬家窯文化」……等（筆者是贊同的）。故而在此，我們僅以此文化中最具代表性，內涵也屬成熟期的半坡類型中的半坡遺址作一介紹。

半坡遺址是由中國科學院考古研究所，指派石興邦先生主持挖掘的，地點在陝西省西安市東郊的半坡村，非常難得的是，掘出了一個比較完整的彩陶文化聚落遺址，從一九五四年開始挖掘，到一九五七年清理完畢，歷時三年餘，隨後於一九五八年在該處建立了一個遺址博物館。

半坡遺址略呈橢圓形，明顯可以看出居民是定居的，以氏族或部落為單位而建立起村落。遺址北端為氏族墓地，南西部份為居住區，東北邊則為製作陶器的窯場，在窯場，居住區與墓地中間，有一條大壕溝作為區隔，在居住區的房舍有一定的布局與型式，但有一間類似集會堂的最大房舍（也可能是領袖住所）。從遺址出土的石、骨、陶工具分析，石器種類就有石斧、石砆、石刀、石鏟、石磨盤、磨棒等，都打磨精細，相當稱手合用，約是用石鏟來挖土，石斧來砍伐，石刀、陶刀用來收割穀物；莊稼則包括稻與粟，並有石磨盤、石磨棒等加工工具來袪除穀皮；並且當時先民已經開始種植蔬菜，因為在遺址中出現了芥菜和白菜的種子。此外，也已有飼養家畜，主要是豬和狗。這些都證明半坡遺址已經完全進入鋤耕農業的階段。

並且，從遺址的製陶窯場發現，當時的手工業也已經相當發達，並且分工精細，至少在製陶、製骨器、紡織、編織、木工、石器……等各業，都有專業的現象。以製陶業為例，陶工技術精良，製成的器形都勻稱美觀，包括有盆、缽、壺、罐、細頸壺、船形壺、小口尖底瓶……等，並且還在陶胚上以黑色或紅色繪製花紋，有幾何紋飾中的三角紋、菱形紋、網格紋、曲折紋等，也有動物紋飾中的魚、鳥、鹿、蛙等，這些紋飾不但簡練大方，而且單純活潑，顯示出彩陶藝術與製陶工藝結合為一的進步狀況。此外，在前述圖案中，偶爾夾雜一些類似文字的符號，是否具有意義，目前還不能確定，但很可能就是我國文字起源之一。

至於墓葬問題，仰韶文化是比較特殊的，因為直接關係到玉器文化的形成與演變，所以，我們並不只限於討論半坡遺址。

仰韶文化的墓葬形式，可分為三類：

第一類土坑葬：此類是仰韶文化中墓葬數量最多的一種，多為長方形淺豎穴，部份是一次單人葬，偶而有合葬現象，亡者以成人為主，仰身直肢的葬式較多，但偶有曲肢葬與俯身葬的情形。其中最特別的是二次葬的行為，在不少仰韶文化墓址中，二次葬多過一次葬，據研究其目的，第一次為葬屍，在肉體腐爛後，再進行第二次葬，即為葬骨，而二次葬又以多人合葬為主，但年齡性別則有混雜。

第二類甕棺葬：一般是指以陶器為葬具的墓葬方式，這種方式在仰韶文化墓葬中也有相當比例，有人認為，這可能就是爾後我國採用棺木土葬的源起，但經過廣泛的歸納與分析，發現一般甕棺葬的亡者年齡多在一、兩歲（即幼兒），但亦偶有年長者；目前比較合理的解釋是，仰韶文化中幼兒一般習用甕棺葬，而年長亡者，則可能是二次葬，僅利用甕棺為藏骨器。

第三類灰坑葬：所謂灰坑，在仰韶文化中是泛指貯藏物品的窖穴，及廢棄後作為垃圾坑的土坑。灰坑葬在仰韶文化遺址的比例並不是很高，但依據出土資料，在灰坑葬中所發現的屍骨，有的呈疊壓現象，有的則屍骨不全，似乎顯示以這種方式墓葬的人，身份比較低，甚至有可能是俘虜、奴隸、受傷死亡或處死者。

前述仰韶文化三類墓葬中，灰坑葬在居住區（因為儲物窖穴均在居住區，而灰坑葬只是利用廢棄灰坑，潦草處理之故）。而一般墓葬在仰韶遺址中均集中在公共墓地，且具有相當規模，並與居住區有明確的分界，可資識別。

但若以隨葬品的數量分析，甕棺葬、灰坑葬所發現的比例比較少，只是偶有一、二件小型陶器，如罐、鉢……之類，或飾品骨珠、蚌環等。所以，仰韶文化的隨葬物，主要出土在土坑葬，種類包括陶器、石器、玉器、骨器、牙器與蚌器等材質，若以用途分，則有生活用品、裝飾品與生產工具三大類，數十種。但整體言，仰韶文化墓葬中的隨葬物品並不算多，偶有較多者，也以小孩和婦女較常見，例如：在半坡遺址中有一座兒童墓，出土各類隨葬品七十九件，包括陶器、石珠、石球、耳墜……等。另在姜寨遺址中有一座十七、八歲的少女墓葬，出土隨葬品有陶器、銼、刮削器、骨管、骨珠、石球、玉墜飾……等。其中骨珠就多達八五四四顆（圖二十四）。

此外，女性與孩童使用隨葬品的現象，較成年男性普遍，但大體言，不同年齡、性別的亡者，在隨葬品的種類上有一定的差異，例如，成年男子常有骨鏃隨葬；成年婦女則有蚌刀、石紡輪、骨針……等，持家用具；兒童與少女的隨葬品則多有飾品，而陶球、石球則都出現在兒童墓葬中（可能這類物品是玩具）。在如此多品類的隨葬物品中，我們依據「美石為玉」的定義，作比較嚴謹的分辨，將型制與出土地點作一簡單介紹：

　　一、寶鷄北首嶺遺址出土玉飾一件（伴隨出土的有陶製三足器二件，尖底器四件，鉢六件，罐九件，壺一件，盂一件，陶鼎一件，石斧二件，石鏃六件，石珠一件）

　　二、西安半坡遺址出土玉飾一件（伴隨出土有陶製尖底器二十八件，葫蘆瓶二件，鉢六十件，罐四十六件，壺七件，盆五件，碗一件，盂二件，石刀二件，石珠一件，石球一件）。

　　三、臨潼姜寨遺址出土玉飾二件（其他伴隨出土的有陶製三足器一件，尖底器十二件，葫蘆瓶四件，陶鉢二十件，陶罐二十五件，壺五件，盆一件，碗七件，石紡輪一件，石刮削器八件，石斧二件，石鏃三件，骨匕三件，石珠三件，石球二件）。

　　四、洛陽王灣遺址出土玉飾一件（伴隨出土有陶碗一件，骨匕一件）。

　　在前述的介紹中，我們可以歸納出仰韶文化中出土玉器的一些特點：

　　一、玉器並未有固定型式，製作也不夠精美，顯示落後彩陶藝術甚遠。

　　二、比照前文，以玉器與陶器的出土數量來分析，玉器在這支文化中並沒有特殊的地位。

　　三、玉器均以首飾形式出現，而能以配掛為主，如墜、環、鐲……等；若再參考石飾品分析，此一時期顯然還是處在玉石雜陳，選材沒有特定目標的階段。

　　四、玉石飾多出土於兒童或少女的墓葬，似乎以裝飾效用為主，還看不到賦予玉器特別的文化內涵。

　　前述的特點，顯示仰韶文化在玉器發展上，不若北方的紅山文化與東方的馬家濱、河姆渡文化，但我們也可看出，在仰韶文化玉器的使用與發展，是由石飾品過渡到玉飾品的，這種演變，也符合人類進步的軌跡，因為人不論賢、愚、不肖，他的審美觀念，必然是存在的

（只是標準不同而已）；人類從舊石器時代的蒙昧，走向新石器時代的靈光乍現，先以石爲飾品，繼而以美石爲飾，是合理的。雖有部份學者，從玉、骨材作珠，鑽孔困難，費時費工特多的觀點來分析，認爲可能有表示財富的意義，但筆者深深不以爲然，因爲財富不可能只表現在兒童與少女身上，所以還是純裝飾品的意義高。

此外，仰韶文化墓葬中，隨葬有生產工具與生活用具，顯然是承襲了斐李崗與磁山文化中對死亡的認知，即──人的肉體死了，靈魂是不死的，並且還要繼續生活、工作。但在這個認知基礎上，仰韶文化顯然更形式化了一些作法，例如：公共墓地的劃分，表示出人生前聚在一起，死後的靈魂也應該聚在一起，而二次葬中的葬骨習慣，也可能是認爲，人死後靈魂應該相聚的觀念所形成的，又如甕棺葬中，甕棺常有鑽孔，較合理的解釋，可能是基於便利死者不死的靈魂，可以自由出入。

總之，仰韶文化分佈旣廣，時間延續又長，在陶器造型與彩陶藝術上都有輝煌的成就，但從玉器文化的角度來透視，則顯然只停留在裝飾的階段，不但沒有斂屍的意義，也沒有與宗教結合，或成爲儀仗、權飾的現象。

（圖二十五）本器名爲「彩陶鯢魚紋瓶」，全器高三十八公分，出土於甘肅省甘谷縣西坪遺址，爲仰韶文化廟底溝類型，在細泥紅陶的瓶腹上繪出一條娃娃魚；在史前紋飾的起源，天地山川、魚鳥野獸都給那些史前藝術家一些靈感，娃娃魚即大山椒魚，五、六千年前，中原地帶溪川多有存在，此魚五指似人，能作嬰兒聲，先民見此，或許賦與它特殊的意義，所以在作此圖時，魚臉已不寫實，而用魚面爲輪廓，賦與人形，但仍能保持此類魚的特點，在造型藝術上確屬罕見。這種在我國中原發展出來的造型方式，融入玉雕後，對三代獸面人形的紋飾發展，必有重大的影響。

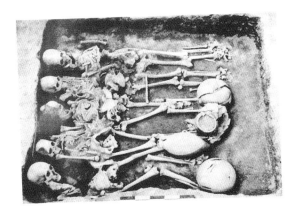

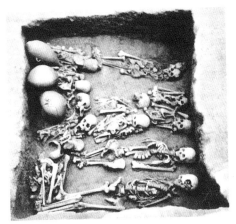

（圖二十五 A）仰韶文化中的墓葬習俗有二次葬的現象，據知這種葬式觀念的形成，必然是「人的靈魂不死」「人活著住在一起，死了也該在一起」「人的皮肉髮血屬於人間而骨殖則屬另一個世界」……等各類認知融合而成。仰韶文化以陶器為代表，在墓葬中也以陶器隨葬為主，偶隨葬有裝飾品，包括環、鐲、佩飾等種類，但材質則包括骨、陶、牙、石、蚌……等，這種情形顯示，仰韶文化中對玉器的認識，落後於東方沿海的史前文化。（本圖攝於陝西省華陰遺址）

第三章 ✧ 青蓮崗文化

　　本來，青蓮崗文化是不能列爲專章來介紹的，但是，因爲他是中共成立政權以來，首先在華東地區發現的新石器時代遺址，當時即受到一些學者的重視，可是，海峽兩岸隔絕四十多年，其間對青蓮崗文化認知的變化，此間並不是十分瞭解，反而造成一些不正確的說法與認識，尤其一些淺薄人士，在市場上鑒定玉器，開口閉口青蓮崗文化，更混淆了大家的瞭解。故而，筆者認爲有將此一文化發現，以及爾後的發展，作一概略說明。

　　一、一九五一年華東文物工作隊在江蘇省淮安縣作調查時，初次發現了青蓮崗遺址，當時只作了四天的地表採集工作，初步認爲是一支受到龍山文化影響的史前遺址，故而並沒有人提出「青蓮崗文化」這個名詞。

　　二、一九五二年十二月及一九五三年十一月，考古人員在江蘇省北部新沂縣的花廳村，作了兩次遺址挖掘，出土有住居遺跡及遺物，此後在江蘇浙江地區，陸續有一些史前遺址出土，如無錫的仙蠡墩、蘇州越城村、常州湖塘橋、南京的北陰陽營……等。到一九五六年的南京考古會議中，正式有人提出青蓮崗文化這個名稱。

　　三、到一九六〇年，考古學家在江蘇北部錦屏山地區調查，在二澗水庫遺址的下層，出土一些文物資料，在陶片比對上，有龍山文化的特點（器形有豆形器，鬹形器、平底器），也有仰韶文化的特點（如鉢、罐類器皿），明顯與青蓮崗遺址出土器物相類似，而二澗水庫遺址中屬卻爲龍山文化，這證明，並不是早期的龍山文化影響了他，而是龍山文化吸收了他的因素。因爲如此，學者就把江蘇邳縣大墩子遺址，新沂縣花廳遺址，邳縣火石埠的劉林遺址、淮安荳陵遺址，吳江梅堰遺址、蕪湖蔣公山遺址……等，劃爲青蓮崗文化的範圍。一九七三年中國大陸發表了「試論青蓮崗文化」的文章，大意爲：「青蓮崗文化的分佈區，大約以江蘇爲中心，北到山東中、南部，南到太湖沿岸、西到蘇皖省界，東到阜寧，面積約有十萬平方公里。也就是說青蓮崗文化涵蓋了山東、江蘇、浙江、安徽、上海五個省市，但是基於出土資料的差異，主張「把青蓮崗文化劃爲江北、江南兩大類型。」到了一九七七年，大陸南京博物院與文物出版社，聯合發起「長江下游新石器時代文化學術討論會」，大部份學者同意，將蘇北魯南

的文化（即青蓮崗文化江北遺址）劃分爲六期即：㈠大墩子（江蘇邳縣大墩子遺址）。㈡劉林（江蘇邳縣火石埠劉林村遺址）。㈢二澗村（江蘇二澗水庫遺址）。㈣大汶口（山東大汶口寧陽縣堡頭村遺址）。㈤東海峪(山東東海峪遺址)。㈥西夏侯(山東西夏侯遺址)。另也把青蓮崗文化江南類型，劃分爲四期，即：㈠、馬家濱（浙江馬家濱遺址）。㈡、北陰陽營（南京北陰陽營遺址）。㈢、崧澤（上海崧澤遺址）。㈣、張陵山（浙江餘杭縣張陵山遺址）。並認爲江北類型的後二期稱爲「大汶口文化」較合適，其餘的四個類型與江南的四個類型，則可劃爲廣泛的青蓮崗文化。

　　前述，即爲爲青蓮崗文化從發現、命名、劃分、定義的一個概略過程，但是因爲遺址不斷地出土，比對資料也逐漸豐富，近十幾年，考古學界認爲當初的劃分方式，有些瑕疵，逐漸產生了一種聲音，就是：「取消青蓮崗文化這個名稱，把當初所謂的青蓮崗文化江北類型，統一命名爲大汶口文化，而江南類型則稱爲馬家濱文化，繼而有崧澤文化、良渚文化來延續。」雖然有些人基於感情的因素，難以捨棄青蓮崗文化這個名詞，但是事實勝於雄辯，到近兩三年，有關的考古學術資料，已經不大引用青蓮崗文化這個名詞了。

　　綜前所述，反映出大陸近數十年考古資料出土，認眞研究，隨時調整觀念的一個例子，反觀海峽此岸，多少人認識不清而強以爲是，直到最近，在一些玉器文物展覽場合，還將古玉標名爲新石器時代青蓮崗文化，眞不知何所源，何所本？

　　　附註：在少數原劃爲青蓮崗文化的遺址，如南京附近的北陰陽營遺址……等，他們的歸屬目前仍有爭議。

第四章 ◈ 細石器文化

　　在瞭解細石器文化前，我們必須先對我國北方史前地理狀況，有一個概略的認識；一般學者認為，在現在的長城線以北，史前氣候較現在溫暖，除荒漠外，草原地區比現在多，因為草原地區的地形差別，所以在文化演進上也有一些差異。就是說：當我國中原、東方、東南、西南各史前文化由漁獵採集生活方式走向定居農業方式時，北方因不適於農耕，而由漁獵採集走向畜牧的生活方式。

　　在前述理論前題下，一九○六年起陸續在內蒙古、東北發現了一些有別於中原的史前文化遺址，後經日本學者江上波夫等人在內蒙錫

（圖二十六）近年大陸在陰山山脈發現大量的石雕畫，有擊斫而成，也有磨刻而成；在個別岩畫中，曾出現在舊石器時代晚期即已絕種的動物，顯示北方細石器文化的起源，也是很早、很早的，其中一些人面紋，對我們研究細石器文化內涵很有幫助，即以此圖而言，顯示這支文化的石雕技術是很進步的。尤其人面紋外圍的短線所顯示的意義，值得我們探討。

林浩特盆地和查干淖爾等地踏勘研究，進行調查。發現各遺址的石器中，都有大量的細小打制石器（這些細石器利於肢解獸體，剝除獸皮

與製作石鏃），這種文化特徵，不同於中原黃河流域與東北南部以磨製石器爲主的史前文化，故而命名爲「蒙古細石器文化」。

　　但近幾十年，北方地區不斷有遺址發現，使我們對細石器文化的定義、範圍有了更多的瞭解；首先，若以細小打製石器爲主要特徵來區別細石器文化，他的範圍是相當大的，目前已知，從我國東北向西一直延伸到中亞草原地區，都有細石器文化的遺址，我們似乎不能再只稱爲：「蒙古細石器文化」了。其次，在前述的廣大區域中，因爲新石器時代的幾次地球暖寒變化，使細石器文化先民在移居中，與其他文化有接觸、交流、影響，而衍生出不同的型態與面貌。例如，內蒙查干淖爾遺址有細石器與篦紋陶共同存在的現象；在東北黑龍江齊齊哈爾附近的昂昂溪遺址，除了細石器的共同特徵以外，陶器則有圓底罐及帶流缽，而裝飾除篦紋外還出現划紋。

　　可是，到目前爲止，因爲人力的限制與區域的廣大，使我國北方草原的細石器文化分類，仍沒有具體的結果，但是因爲細石器文化區域，可能涵蓋我國白玉（軟玉）的主要產地新疆和闐一帶，其中因風、雨、水等自然力量，帶動散出的原石玉礦，對細石器先民到底有沒有影響，也不得知，這對我們研究古玉而言，仍是一環重要的缺失。

（圖二十七）本器高五十二公分，是一九七九年在羅布淖爾荒原，古墓溝中出土，依碳十四測定年代，距今約四千年間，爲細石器文化藝術品。亦爲目前我國最早的一件木雕，全器由一整塊木頭雕成上半身人物像造型，臉頭部比例較長，戴略高的帽子，身體自腿部可分出兩個梯形，本器若分解，可成一些幾何圖形，這與近代繪畫中「立體派」的立論，有異曲同工之妙；類似器形，一次出土五件，臉部均未作五官，但女性則雕出乳房之特徵，比較紅山文化陶裸體女像，顯示二者文化，可能有彼此交流或宗教共同性。

　　但是，在已經發掘出來的部份遺址中，細石器材質的選用狀況，仍對我們有些參考作用，例如：內蒙古錫林格勒盟的賀斯格烏拉遺址出土有陶片、獸骨及各類細石器，其中細石器可以分出的種類就有四十多種。在材質分析上，也發現有相當比例的美石，如碧玉、瑪瑙……等（我們廣義稱之爲玉）。

　　所以，依出土石器材質來分析，在我國新石器時代，不但中原、東方、東南方發展出了玉器文化，在北方的草原畜牧地帶，也可能有玉器文化在形成中，只是目前缺乏更具體的出土資料來佐證。

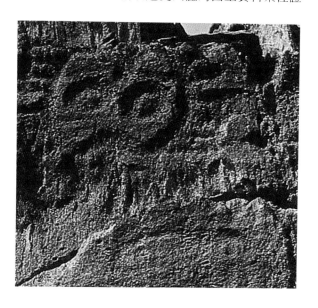

（圖二十八）本圖是磨刻而成，正中人面像與前述木雕似有相通之處。目前研究此類岩畫的製作過程，發現是使用燧石在大岩面上敲擊出凹點，由點連成線後，再用燧石在線上細磨成凹槽，這種既費時又費工的藝術，有可能是史前先民集體的創作，但是創作的動機，是呼應天地？是崇拜日神？目前還沒有研究出來。

第五章 ◈ 紅山文化

紅山文化就遺址分佈的地理位置言，位於我國東北的遼寧、吉林、黑龍江、熱河東北部、河北省北部、甚至天津市地區，但中心大約在大、小凌河、老哈河、西拉木倫河流域，也就是遼西、冀北，及吉林西部到熱河東北部。

這一支文化是於一九三五年，日本考古學者在熱河省東北部的紅山後附近發現了一處史前遺址，並採集了一些遺物，他們綜合成一本考古報告，名稱「赤峯紅山後」，但爾後長期的中日戰爭與內戰，使這一帶的田野考古工作，停頓了許多年，一直到二十年後的一九五四年，大陸學者綜合了在砂鍋屯、昂昂溪、紅山等地遺址的發掘資料，認為是我國北方的一支重要史前文化，方正式命名為「紅山文化」。

因為紅山文化遺址各地區，自古以來，就是中原漢民族與北方、東北少數民族爭戰摩擦，接觸頻繁的區域，我們可以想像到，在史前也可能是類似的，所以，紅山文化目前表現出來的，一方面有濃厚的地域特點與民族特色，但同時也似摻雜有中原文化的色彩；所以，他的面貌是比較複雜多樣的，例如：民國六十四年在遼寧省敖漢旗小河沿一帶發現的新石器時代遺址，所出土的陶器，不但形式比紅山遺址豐富，而且彩陶圖案中，以黑、白、紅三種顏色作八角星狀圖案及鳥獸紋圖案的創作，完全不同於紅山文化（因為紅山文化的陶器圖案多是蝌蚪紋、魚尾紋、渦紋、鈎連式三角紋、之字紋、篦紋、菱形紋），故而有一段時期曾命名為小河沿文化，但後來經過更多學者的分析、研究、比對，認為小河沿文化仍應屬於紅山文化，因為這支文化在演進過程中，可能與中原仰韶文化有接觸交流，吸收了不少仰韶文化的陶器紋飾，但是他的內涵，還是沒有脫離「紅山文化」的範圍。筆者認為，以紅山文化的地理位置，與區域廣泛的狀況來看，他的複雜多貌是可以理解的，只不過仍有相當多的資料沒有出土而已。

目前，考古界已經作到的是，依遺址地理位置的不同，將紅山文化概分成二類來作研究：

第一類是「山坡類遺址」：這類遺址，大多分佈在高於河床一百公尺以上的斜坡上，特點是延伸面積大，但堆積層較薄，因為這類遺址上敷的，多是大顆粒的黃沙土，如遭強風，該砂易遭搬離，而使遺物暴露於地表。出土石器以打製石器與細石器比例較高，陶器則多為

夾砂陶，偶有彩陶；形式則以小型鉢與直腹罐居多；紋飾以之字紋、篦紋為主，器底則多印有編織紋（此點與仰韶文化類似），這類遺址，以遼寧省敖漢旗四稜山遺址及熱河省赤峯紅山後遺址為代表。

　　第二類「台地遺址」：這類遺址，分佈在河流兩岸的台地上，因屬平坦地形，故而堆積層較厚，出土石器中，以大型的石製工具為主要代表，如石犁、石磨盤……等，打製石器與細石器相對減少，陶器則有直領雙耳壺、淺腹盆、等實用器，以及罐、甕等儲藏器；材質上則以泥質紅陶為主，彩陶數量較多，紋飾也複雜多樣，包括渦紋、蝌蚪紋、魚尾紋……等。這類遺址以遼寧敖漢旗三道灣子遺址，熱河省赤峯市蜘蛛山遺址、朝陽縣八寶廟前遺址為代表。顯然較山坡遺址進步。

　　從前述兩種類型紅山文化的介紹，我們可以概略的勾勒出，這支以我國東北地區為主的史前文化生活型態，早期顯然是以畜牧方式為主，但是受了某些中原文化的影響後，在一些較好的地形中，也開始由畜牧轉向農業定居（因為河邊山坡地形利於牲畜飲水，而台地較適於人類居住），但在農業定居中，似仍有兼營畜牧與狩獵來作物質生活上的補充。

　　雖然如此，但整個紅山文化對我們來說，仍舊蒙著一層神秘的外衣，尤其近年牛河梁遺址女神廟的出土，以及一些極為特殊，而我們對器形、用途都不甚清楚的玉器出土，使我們對他的文化層面、藝術層面、宗教層面的認識上，都有許多疑問待解。

　　例如：出土早又極出名的三星他拉村的紅山文化玉龍就是一個例子（如圖二十九），據原出土記錄記載，一九七一年內蒙古翁牛特旗的三星他拉村（位於熱河省赤峯市以北一百多公里），因造林挖土而出土了這件玉龍，高二十六公分，龍體橫截面呈橢圓形，直徑二‧三公分到二‧九公分之間，是屬一件大型的玉雕，可惜出土地點已有了一些破壞，很難從相關文化層來分析，但此器本身卻是一件極精美的藝術品，整體由一塊深綠色岫岩玉雕成，已略有沁斑，但仍可由通體琢磨精細的狀況，得知製作的嚴謹態度。這件玉龍的造型，頭部用淺雕表現眼睛與嘴形，龍嘴緊閉前伸，微向上翹，表現出一種含蓄卻又有力的延伸動感，但鼻端截平，使上沿呈銳利的稜線，呈橢圓形的鼻面上，以陰線作成兩個圓鼻孔；雙眼部份略凸出，前眼角為圓弧狀，後眼角則細長，下額與額頭均以陰線刻成的菱形網狀紋為裝飾，頸部延伸出一長鬣披向後方，幾占龍體的三分之一，鬣尾上揚，作逆風飄

動狀；且此鬃的造型極爲奇特，是作成矗立扁平的薄片，並把邊緣打磨成刃片狀，龍體呈環狀橢圓形，未有裝飾，但在收尾部份，作成圓尖，且略向內彎；龍背部近頸處有一圓孔，由兩面對鑽而成。這件玉雕，構思巧妙、用刀細緻、造型奇特，極受國際考古學家的重視，且又爲「我國目前所知最早的龍形玉雕」（因爲他已具有後期中國龍的昂首、彎背、卷尾等特徵），對研究我國龍形圖騰的起源具有關鍵的意義，並對解開紅山文化地域宗教或藝術源起，一定會有重大的作用，但只因目前類似器形出土仍少，所以還是一個待解的謎。（近年，筆者在市肆所見類似此一龍形的玉雕不下十件，當然無一是眞）。但自這件龍形器出土後，不少學者積極試圖解讀這一件玉器的造型來源，他們從龍首平面的鼻孔與豬鼻有些相似，而研究出結論：「此一造型和豬有關，因爲在原始農業社會裡，豬是人類日常生活中關係相當密切的動物，而且在多處紅山文化中都有大量的豬骨遺存；所以，認爲這龍首源自於豬首，正說明了龍圖騰的起源，並不是單純的想像物

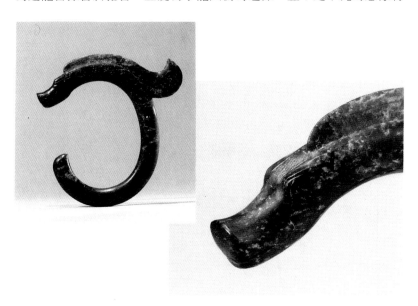

（圖二十九）這是我國出土資料比較明確的第一件龍形玉器，確實用途還不知，從龍頭造型來看，應源自於鱷、蛇，而不是源自於豬。材質爲蛇紋石質較重的「岫岩玉」。

，而是原始先民從日常生活與生產中，觀察創作出來的。」針對此點，筆者首先說明，在信史之前，古玉造型的起源，到現在仍是一團謎霧，各作探討，本為學術求真精神的發揮，我們應該予以肯定；但是紅山玉龍源自於豬的說法，目前在國內已有一家之言的傾向，這也許和長遠以來，我國人士極易崇拜權威羣體的個性有關，但因此一造型，為我國惟一最早的龍形玉雕實物，差之毫釐，謬之千里，事關重大，故而亦將個人對古器形制研究的心得與認識，針對此器略作說明：

一、此器造型，不可能源自於豬，因為史前文明的原始崇拜，都是崇拜人類所不知曉、不瞭解或極敬畏的事物，對動物崇拜亦同，不可能以飼養的畜類為崇拜對象。

二、自史前的各項已出土資料顯示，人類已認為食豬是當然，已把豬的功能定位為人類的下食物鏈，在弱肉強食，混沌初開的社會，把豬形提升為高不可攀的神物，是不合邏輯的。

三、紅山文化玉龍除鼻首二孔位置略似於豬外，無一與豬相似。（但鼻端為鼻孔的動物，並不僅限於豬）

所以，依筆者研究，此一器形的來源，當以古鱷與蛇的造型為主，因為：

一、鱷魚的鼻孔亦在鼻前，在水中浮潛自如，對水畔住居的人類威脅甚大，也使人產生恐懼的神秘感。

二、龍雕中額頭與下顎的網狀紋與鱷相似。

三、龍雕中口吻上翹，下吻緊閉，鼻端前突，都與鱷形相似。

四、玉龍眼紋造型與鱷相似，而絕不似豬。

五、龍身造型似蛇，尾部收尖，亦有蛇尾的特徵。

據筆者所知，新石器時代我國東北不似現在寒冷，鱷魚在東北各淡水流域中均有存在，且鱷魚又有，㈠凶暴、肉食，不可能馴服。㈡冷血、冬眠與春同甦，㈢鱷魚出沒水邊、獵食，但卻食於水窖，給予人不食的錯覺。㈣鱷魚壽長，人多見其生，少見其死，對人更具神秘感。所以，從造型的分析與地理環境，生物狀況的瞭解，筆者認為紅山玉龍的造型源起，以鱷、蛇的可能性較大，不大可能源自豬豕，可是，因為沒有其他相關資料的支持，在此，僅是提供一個較合理的思考方向而已！

此外，在紅山文化各遺址中，也陸續出土了一些型制很特殊的玉器，數量又不多，我們很難瞭解他的確實用途與內涵意義。

首先，我們看這一件「馬蹄形」玉器（如圖三十），這件器物，

（圖三十）本器暫名「馬蹄形器」，用
途不詳，但就琢工看，外部打磨細緻光
滑，內部則加工條紋依然存在，我們分
析紅山文化的玉器雕工，器緣的打磨，
爲此支文化玉器的最大特色，爲何此器
內部不作處理？是否有可能陳設展出時
看不到內面？

通體透空，作橢圓形，一端平削，一端則呈斜口、双邊，略爲放大，
整體作倒馬蹄形狀，故而暫名「馬蹄型器」，此器在平削一端的兩邊
各有一小孔（單面鑽成），玉質青色中略帶黑色點、微透明，筒外整
體磨製平滑，筒內明顯未修整，條狀加工痕跡依舊存在，全長十八點
八公分，最大口徑處十一公分，小口徑部份約六至八公分，是在一九
七九年於遼寧省凌源縣三官甸子墓葬中出土，伴隨出土的還有彩陶筒
形器，壓印「之」字花紋的夾砂灰陶片，同時還出土了隨葬玉器九件
，爲：勾雲形大玉珮一件，大型玉璧二件、玉環三件，玉鳥一件，玉
珠形墜一件及本器，（同時，在附近民間由百姓上繳的出土文物中，
也有一件大型的勾雲型玉珮，據稱：也是在附近出土的），到了一九
八一年，考古學家在遼寧省建平縣牛河梁墓地附近作田野考古挖掘時
，附近老百姓上繳該墓區出土的文物中，包括兩件玉環，一件雙連璧
外也有一件馬蹄形器，經比對，這兩件馬蹄形器，幾乎相同，基於我
們對考古資料研究的認識，任何一個地點出土的全部文物，決不可能
是該文化器形的完全代表，所以，出土相同器形的可能性是不大的，
因爲考古發掘都受到取樣範圍……等的限制，但這一件馬蹄形器，卻
在不同地區遺址中，都各出現一件，顯示他在紅山文化中並不是偶然
的單一形制，應該是普遍的類型，而有特別意義；目前，對本器的用
途，各有不同的看法，例如：

　　一、此器上端有刃，下平端有孔可繫，器形大小可以套入手腕，可能是護臂、護腕之用。

　　二、本器平削端有二孔可繫，可能作為懸掛用的敲擊樂器。

　　三、本器平削端之孔可繫一底，可能是糴米糧的工具。

　　其實，這些看法都經不起質疑的，例如，作為護臂器效果不若獸皮、木材，且以玉材極脆易碎的條件，可能性不大；若作為敲擊樂器，從古磬演變的狀況上溯，板形器較合演變過程，也易製作實用，且從此二器瞭解，似無固定音階，輕敲可能有脆聲，略重，則可能敲破此器；至於作取糧器，以紅山文化陶器的發達狀況，與伴隨出土的陶器的情形，以如此人力、材質加工作成盛器的可能性，也是很低的。但對本器的解讀，筆者實在不敢遽下斷語，但有兩點線索，是值得我們研究思考的！

　　第一、三官甸子墓葬出土的這一件玉器，上端刃邊原有缺傷，是實用器嗎？此傷是如何造成的？

　　第二，此器外部磨製平滑，內部加工粗痕明顯，以審美的觀點研究，為何作工差別如此之大，是否需與其他材質組合，而組合後足以掩遮內部粗痕？

　　此外，紅山文化出土玉器中，有一類暫名為「勾雲形器」者（如圖三十一），出土相似的型制更多（據稱大陸已有近十件的記錄），

（圖三十一）本器中部鏤空，可以看出先用管鑽出透孔，再逐漸用繩鋸拉出鏤空形狀，再予以修成刃邊，而管鑽之處，略現痕跡，為本類器形在雕工上比較特殊之點；此類器形，僅見於紅山文化。

筆者在台曾見一器，無法找出破綻，真品的可能性很高。此類器形多作方圓板形，大部份是雙面雕，但也有僅作單面雕者，四角作成不規則的弧形，類似雲頭，其他部份鏤空，中央也鏤空作成勾雲狀孔，並在器面磨出淺凹槽，使紋飾對稱，這種玉器在遼寧三官甸子、內蒙巴林右旗……等遺址，多有出現，顯示出是紅山文化一種相當普及的形制。以遼寧凌源三官甸子墓出土的實物來看，玉質是由湖綠色細緻的岫岩玉材質作成，長達二十二‧五公分，寬也有十一‧五公分，厚約〇‧五公分，為一扁平體，但每個角都有兩個可相通的斜鑽孔（共四組），因初步認為四角的孔是作佩繫用，故名之為「勾雲形玉珮」。後來，此類玉器出土資料較多，大家發現在墓葬中，此器並未出土於墓主胸前，而是放置於骨架旁邊，故而對此類器形的確實用途，又產生了疑問；筆者認為，這或許是地方原始宗教儀式中的佩飾，隨作巫師或領袖的墓主入葬的玉器，但是背後四組相通的鑽孔，也可能作為鑲嵌，或縫釘在他器之上，作宗教陳列之儀仗。因為自一九八三年遼寧省牛河梁遺址出土了一件彩塑頭像，及找到一個多室建築的房基，類似神廟，所以大家都承認，紅山文化已經有相當發達的原始宗教，但宗教的形式與內涵，卻還是一片空白；我們只有等待爾後的出土資料來證實了。

　　另在凌源縣三官甸子遺址中，也曾出土兩件，外方內有圓孔的玉器，一般人稱為「方形璧」（如圖三十二），其實，這個名稱是有瑕

（圖三十二）本外方內圓形器，當為配飾，亦為紅山文化的特有器形，源自何處，還沒有定論，但此類器形的共同特徵為：「長方形」、「圓角」、「通體不飾但打磨光滑」、「邊緣、孔緣都磨成斜形」、「上有小穿孔可佩」。

疵的，因爲在玉器中璧的定義是「璧圓象天」，而此器則只是在長方形玉板中有圓孔，四角略修整成弧形而已，故而仍以器形稱爲「外方內圓形器」較合適，本書僅以略大型的一件作介紹（圖），此器係由一細緻的岫岩玉板雕成，略呈長方形，寬約十二‧五公分，厚僅○‧三公分，除中央穿孔，四角磨圓外，整件周邊與內圓邊都自兩邊打磨成叉形邊緣，並在此器略大邊的上方鑽有兩個小圓孔（另同期出土的小件，則只有一孔），似爲懸掛之用，但確實用途不詳；依筆者觀察，我們若能排除命名爲璧的先入爲主觀念，此器當爲懸在胸前的佩飾。

此外，在遼寧省建平縣牛河梁墓葬中，出土了一件「玉雙連璧」（如圖三十三），此器形似二璧連合，故而得名，高十三公分，最寬八公分，最厚處約有一公分，玉料已呈青白色，似有鈣化現象。全器琢成兩個不甚規則的扁平相連圓環，上小下大，上者略現三角形，內圓孔與外緣，也都自兩邊打磨成叉形邊，據知，也有出土三個扁平璧相連者，筆者研究紅山文化出土器形一段時期，從有關資料中認爲：紅山文化根本沒有形成過「璧圓象天」的這種概念。何況，自有史資料顯示，璧形都是以單一的圓形存在的，從未有二璧相連接的圓形（連環當然不在此限）。所以，個人認爲，紅山文化地處我國北方細石

（圖三十三）本器暫名「玉連璧」，亦爲紅山文化特有器形，因形似二璧相連而得名，但依目前資料顯示，紅山文化時期尚未形成「璧圓象天」的概念，故當與璧無關，用途尚不詳，惟亦有出土類似器形，卻作成三璧相連。

（圖三十四）本器雖名「玉勾形器」，但依器形觀察，似已不具勾的特徵，僅具體而微的略現二弧線相交而已，以全長七公分的長度而言，當不可能作為兵刃、儀仗，可能是模仿細石器文化的鑲柄小石刀。

器文化區域的一部份，必然受到細石器文化的影響，而細石器文化以畜牧為主，故而在細石器中，圓弧形刃器常有出現（便於肢解牛羊與剝皮）；本器形式便於把握，可不致因血水滑刃（指可穿入孔中，故而也有三孔者），可能是自細石器文化中的剝皮肢解工具演變而成，至於是否後來賦予其他意義，成為禮器，則不得而知。

另在內蒙自治區巴林右旗的墓葬中出土一件「玉勾形器」，在我國中原、東南各新石器文化遺址中，從未見過相似類形，極為特殊（如圖三十四）；此器長約七公分，最寬二‧五公分，厚約○‧五公分，體形扁平，頭部略作彎勾形（但似已無勾物的效果），「援」部兩側均由雙面磨成刃邊，中部作出一平滑的凹槽，將「援」與「內」分開，「內」則呈平直狀，且不再兩邊磨成刃邊，靠底部鑽有一圓孔；

（圖三十五）本器下邊雖略殘，但造型之美，雕工之細，被公認為紅山玉器之冠。但是器形、用途一直都是個謎，筆者從下部的弦紋飾，認為類似手工具握把的纏繩，應與北方民族隨身攜帶小刀的習俗有關；本器未有嚴重浸沁，但下殘部份有類似片狀裂紋，此為岫岩玉材遭撞跌所產生的特有現象，此類玉材結構作片狀結晶，不同於一般透閃石。

有學者以「內」部的平直狀況，似可鑲入把手，解釋爲兵刃作儀仗用，筆者認爲對了一半，因爲，可鑲把手絕對是正確的，但是當成兵刃，作儀仗用，則不敢苟同了，因爲此器體形不大，且以此形制爲兵刃，旣不便於砍，又不便於刺，也不利於鉤，顯然不是作爲戰爭兵器；故筆者認爲，此器較可能類似隨身攜帶的小刃，約亦源起於剝獸皮的工具。

　　同樣的，在遼寧省阜興縣福興地公社有農民在附近遺址採集到一件玉獸面紋Y形器，形制更爲特殊，難以名之，只能稱「Y形器」（如圖三十五）；此器長約十二‧一公分，厚僅○‧三公分，體扁平，兩面雕，紋飾相同，上首兩端外凸，似有兩耳，亦似魚尾，表面以細陰線淺雕出類似獸面雙眼的圓形，中部則細磨成外凸起脊，下部作長方形，表面細磨出十三條平滑凹線，作成類似弦紋（亦似手工具握把的纏繩），末端有一圓鑽孔，再底端則弧彎成外凸，這種器形，在紅山文化目前出土資料中，數量極少，但造型之奇，雕工之細，設計之美，大家公認爲紅山玉器之冠；可是對此器的瞭解，僅就命名而言，就有「魚形器」與「佩飾器」的兩派說法，至於用途，則更是衆說紛紜了；筆者不才，以個人觀點認爲，如把本器稱爲禮器，除體積太小外，紋飾也不見於陶器、泥塑等同期出土資料，若看作與宗教儀式有關之祭祀器，上面所雕爲獸面圖騰，則更有爭議，尤其解釋圓圈（稱獸眼）外的紋飾爲神獸皺紋，太過於牽強，顯然是受了良渚獸面紋玉雕的影響，但此二支文化一在江浙，一在東北，不但地隔萬里，時間也相差近千年，二者應該是沒有什麼牽連的。此器形制依筆者分析，器首是Y形，兩面刃，可能模仿肢解獸體用具的刃部，下部長方形部份，則爲握把，飾以弦紋，除可作裝飾外，亦有防滑作用，底端作成弧彎外凸，也有便於把手之意，而末端之圓穿，則顯可穿繫佩掛，此器，或許就是至今塞外、東北少數民族，仍隨身攜帶「解手刀」的鼻祖呢！但獸面紋飾的來源，則仍是一個謎！

　　前面我們所介紹的六件玉器，自出土面世以來，用途、形制解釋方面的爭議就很多，也因爲如此，許多學者乾脆稱爲「用途不明」，但筆者仍依個人從文化形成的角度觀察所得，作了一些說明，爲免讀者認爲個人太過主觀，故僅將個人思考方式臚列於後。

　　一、此數件玉器，雖有兩件出於採集，而不是出於遺址墓葬，但從風格比對上，應該沒有疑問，且中國美術全集玉器篇予以收錄，顯示大陸玉器專家也肯定是紅山文化遺物；其中除馬蹄形器，材質還不

確定外，都屬岫岩玉（蛇紋石系）。

　　二、這幾件玉器都有在邊緣細磨加工，作成双邊的共同性，除第一件龍形器的造型特徵明顯外，其餘器形都是第一次面世，無任何資料可供比對。

　　三、我國北方草原細石器文化所包括面積極大，內涵也呈多樣，許多學者認為紅山文化就是我國細石器文化的一支。

　　四、茲以內蒙古自治區錫林郭勒草原上，所出土的細石器文化遺物來分析，在吉日嘎郎圖、查干淖爾、錫林浩特三個遺址中，出土陶器（以夾砂灰陶及泥質紅陶為主）的紋飾，有平行線紋、交錯線紋、弦紋……等。細石器則包括長條形或不規則形尖狀器、圓頭短體刮削器、指甲形刮削器、馬蹄形刮削器、弧双砍伐器、弧双三角形刮削器……等。

　　五、紅山文化與我國仰韶文化時代相近，在仰韶墓葬中，已有石斧、石鋸、石磻、紡輪……等生產工具隨葬現象，如果我們從生產工具的方向來解析紅山玉器的形制，是否會更有心得呢？

　　所以，當我們了解細石器是取其雙面双的特性，而平行紋、交錯紋、弦紋的圖案，也都曾出現在陶器紋飾上，我們可以說紅山文化與細石器文化的關係是相當密切的，所以，在他本身的文化演進過程中，由石而玉（美石），但仍將一些製石特徵，地區工具形制保留下來

（圖三十六）玦形飾起源於我國浙東沿海一帶史前文化區，影響所及，遍至日本、台灣及南海島嶼，但均光素無紋；筆者認為此器應與玦無關，而係紅山文化偏愛 C 字造型的佩飾，尤其獸背上的鑽孔，更足證明非玦。但所有介紹資料中均名為「玉獸玦」，故筆者亦暫從眾。

，這也許就是紅山玉器中，一些特殊器形源起的謎底吧！

　　但是，前述介紹中的勾雲紋器，不論從造型、鑽孔位置，既有雙面雕也有單面雕……的特點來研究，顯然不是一件手工具，但爲何如此雕作，這就牽涉到研究原始造形藝術最困難的一部份，那就是史前藝術家常在造型藝術上，以「形象與非形象」、「寫實與抽象」的兩軸上平行進展，卻又時常交錯，所以我們只有等待更多的出土資料來研判了。

　　而就形象寫實言，紅山文化也出土了一些圓雕動物佩飾，茲說明於後：

　　一、玉獸玦（如圖三十六）：此器高約五·五公分，寬五公分，厚一公分，是由青色岫岩玉琢成（部份經沁已呈白色鈣化現象），出土於內蒙古自治區巴林右旗，本器與前述三星他拉村出土的玉龍，有一些共同點：㈠材質相同，均爲岫岩玉。㈡整體造型相同，均呈C字形。㈢背部鑽孔位置相近。㈣嘴形相似，均略向上翹。㈤尾部造型亦相類似，末端收尾略向內彎。但是也有一些不同之處，如：眼型不同（本器爲管鑽作出的圓眼），而背部的鬚（或稱脊）的造型也不相似，但整體言，仍多係異中有同，故而鑑賞此器，可使我們對紅山文化C型玉雕的獨特造型方式，會有更多的體認。而對原始造型藝術中，同中求異，異中求同的變化方式，也可以有一些瞭解。

　　二、玉鴞（如圖三十七）：此器也是內蒙自治區巴林右旗的紅山遺址出土，長四·二公分，寬四·六公分，厚約一·五公分，由黃色玉琢成，頭作三角形，向下彎曲，嘴成尖狀，雙眼爲圓圈形雕成微凸的兩個同心圓，足爪部份略凸起，上以陰線飾示鳥爪，兩翅平行下垂，極具對稱美感，尾羽內斂，並以陰線表現羽毛紋，整件玉雕呈略方形，明顯是表現一隻棲息的貓頭鷹（原資料稱本器作展翅飛翔狀，本人無法苟同），本件玉雕在鴞背近頭部有平行的三個鑽孔，兩個斜鑽孔與中間孔相通，是一件佩飾，由此器的製作，可以看出紅山文化的玉雕工藝，已經相當進步，尤其在鑽孔技術上，決不是一經發展即可作到三孔相連，必須在掌握初步鑽孔技術後，經過相當長時間的技術發展，方能到如此精湛的技巧。此外，在遼寧省喀左縣東山嘴遺址中，也出土了玉鴞一件（材質爲綠松石，即我們俗稱的土耳其石，亦爲美石，在史前墓葬中常有出現），器形與巴林右旗出土的極相似，但雕琢更精美，除在雙翼、尾翼上雕琢細陰線代表羽毛紋飾外，更把邊緣雕成羽形，在造形上作出雙翅張揚，使整件玉器顯示出飛翔的動態

（圖三十七、圖三十七A）本器材質優美，由近黃綠色岫岩玉製成，未有嚴重沁侵，但略顯土染現象，此亦為古玉出土特徵之一，但與偽作，調製塑土粘黏的品像完全不同；且因史前先民受自發文化薰陶，作出器飾，目前我們對渠文化內涵尚不清楚，就恣意偽作，當然極不自然，稍有學習者一望即知，本器的雙眼造型，即為一例。（圖右為東山嘴遺址出土的綠松石玉鶚）

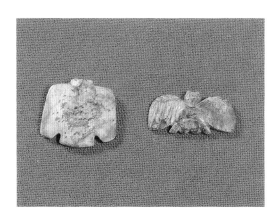

（圖三十八）此二器是一九七三年，在遼寧省阜新縣胡頭溝遺址的紅山文化墓葬中出土，一墓出二器，材質為岫岩玉，已現灰白沁浸，這種現象為岫岩玉入土所特有品相。目前市面有以白灰將綠玉焗成此類現象，但從「開窗」的自然與否，可足分辨。

（如圖三十七Ａ），在新石器時代玉雕中，能把自然界動物的動感表現得如此良好，確是難得，也顯示出紅山文化對鶚（貓頭鷹）的重視，可能視爲祥瑞或神鳥（與原始崇拜有關），才會一再雕爲佩飾。也許因爲鶚是一種猛禽，以捕捉蛇鼠等維生，而蛇在陰暗角落人類不注意的地方，攻擊人類，防不勝防，鼠則偸吃糧食，造成疫癘，都是人類的大敵；鶚能祛除這兩大害，又係畫伏夜出，給人一種神秘感，所以，才爲紅山文化先民所崇拜吧！

　　古史學者常引用詩經商頌中：「天命玄鳥，降而生商。」而商代石玉雕中也有立體貓頭鷹的作品，所以認爲是商代所崇拜的鳥圖騰，其實，依筆者之見，商的玄鳥圖騰，是一個鳥類綜合體的形像，常以扁平狀出現在商代玉雕中，全身飾以卯刀紋，有鶚、鸚鵡、孔雀的部份特徵，這也是爾後我國鳳凰造型的源起，而單獨的鶚造型則是另外一件事，也許是承繼紅山文化的玉雕呢？

　　三、玉蟬（如圖三十九）：也是出土於內蒙古巴林右旗，共兩件，大件長九公分，寬約四公分，高三‧五公分；小件長七‧五公分，寬三‧五公分，高二‧五公分，都是用岫岩玉製成，頭部平面上，以陰線刻雙圈代表眼睛，背部以凸弦紋顯示身體，身體兩側平直，背凹彎，小件玉器在近腰處有一橫穿，大件除在腰部有一橫穿外，又在頭

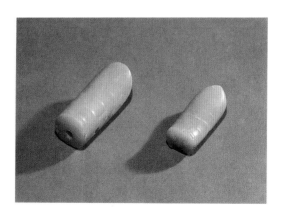

（圖三十九）本器兩件，除穿孔各異外，材質紋飾均相近，爲我國目前所知最早出土的蟬形飾。紅山文化玉雕其風格，但一般初習者卻不知所以，以此二蟬言，尾部造型明顯不同，但都屬紅山文化器型中一部份的造型雕法，此即爲渠獨特風格的地方。

尾間直穿一孔，並與腰間的橫孔相通，這二件圓雕作品，可能是作佩飾用，紋飾雖簡單，但作工精細，體形花紋諸多抽象，但卻保有純樸風格，為紅山文化玉雕中難得的藝術精品，且此二器為我國迄今為止，發現最早的玉蟬。

蟬形在我國玉雕中，是比較特殊的形制，少見於世界其他古文明，這或與中國人文思想中，人生的蛻變有關，而這種思想的形成，筆者相信蟬必然在史前社會中提供了一些靈感，因為蟬蛻變成蟲的時間很短（數日或數周），而蟄伏時間卻極長（多則達數年），也許先民見逝者而悟生期苦短，而對死後再蛻變（雖經長遠時間）的期望呢？

四、玉龜（如圖四十）：兩件，都是於一九七三年在遼寧省阜新縣胡頭溝村紅山文化墓葬中出土，一件長三・九公分，寬三・六公分；另一件長四・八公分，最寬二・八公分，二器厚度都約在○・五公分左右，除龜甲、龜爪、龜尾都作類似的寫實表現外，龜首則長度不同，一作伸首，一作微縮，顯示玉雕者對龜類生活必然有相當詳細的觀察，所以成品才如此逼真；此二器均有穿，當為佩飾。

龜在我國也有獨特的文化意義，在有史以來，列為四靈之一，殷

（圖四十）本器一墓同出二件，造型不同，一似活動，一似蟄伏，筆者一直在思考，不知是否以此喻生與死的意義，此外，二龜繫穿亦有不同，一是頸下作一圓穿孔；另一件則是在腹部中間作出一凸脊，再在中央橫穿一孔，也可作佩飾，此種以凸脊上作穿孔，不會破壞器形整體圖象，是否因此器象徵活龜，方如此雕作，不得而知。（餘詳見大汶口文化玉人面形飾）

商筮卜的甲骨中，占有大半份量，如我們從龜的習性來分析，它有冬眠、蟄伏、長壽、兩棲……等難為先民所瞭解的神秘特性，而這些特性，正是當時人們所嚮往的，故易為人崇拜，此二器亦為我國有記錄以來最早的龜形玉雕，也許就是爾後龜形、龜甲為人崇拜，進而成為吉祥佩飾的源起。針對此二器的造型不同，筆者曾研究，是否在背後有引喻生與死的意義（一器示生，故伸頭活動，一器示死，縮頭蟄伏；不然，為什麼一墓出兩件造型不同的龜形呢？），因為找不到參考資料，故而不敢遽下斷語。

此外，紅山文化有一件「玉獸玦」（一般玉器書籍都如此介紹）（如圖四十一），此器高十五公分，寬十公分，斷面最厚四公分，全器受沁鈣化已呈「雞骨白」狀，據知是在遼寧省建平縣由農民上繳的出土文物，雖然沒有確實的出土資料，但風格、刀工，確為紅山文化玉器無疑，並為難得的大器。此器獸首雕作圓潤飽滿，似有耳矗立於

（圖四十一）本器寬厚渾實，屬大型器，不可能為玦，這類形器在紅山文化墓葬中常有發現，器形大小不同，細部紋飾略異，但基本造型均為 C 字形，筆者認為這種造型在紅山文化，就如同琮形器在良渚文化，都是地區史前文化與原始宗教結合，自行發展出來的，故而此器形應與玦的源起無關，而與三星他拉玉龍應屬同一譜系。

頭頂（目前所有書籍都稱爲耳），雙眼以陰線鑽成，外再飾以水滴形眼瞼，口吻外突；陰刻以示獠牙，整器中央鑽出一孔，顯示身體呈環形，首尾以一條外缺而內不斷的缺口分開，頭部有一個兩面對鑽而成的小圓孔，可以懸佩，本件玉雕在紅山文化中頗爲出名，有關此器，首先，筆者認爲：名之爲「玦」就不妥，因爲我們對中國玉器稍有認識的人都知道，「環而有缺，才是玦。」而此器，有「缺」卻有「連」，稱爲玦是不合適的，也有人認爲是玉工粗製，故未將缺口分斷開，筆者則認爲如此雕製，應該有他的用意，在前文介紹的三星他拉玉龍，尾部向內彎曲，故此器外缺口而內不斷，正爲顯示尾部向內彎曲的象徵表現；同樣的，本期玉雕中的類似形制，若首尾分斷，則都採用斜刀，象徵尾部內捲，所以，我們除了驚佩先民對造型表現的智慧外，也可得知，紅山玉雕龍尾內捲是一個重要的特徵，也因爲如此，我們就不能再稱此器爲獸形了，尤其首端三角形，筆者就不認爲是一雙大耳豎立於頭頂，因爲上面的線紋呈環形，應該是首頂的鬃毛，只不過三星他拉玉龍的鬃自頭部延伸，並作逆風飄起狀，而本器遷就圓雕的器形，具體而微的飾於頭部，所以筆者認爲本器，稱「怪」，稱「獸」，稱「豬」，都是不對的，應該也是一件「龍形飾」。

綜觀紅山文化，自一九三五年開始遺址挖掘工作，因戰火或其他人爲的延誤，我們一直對他的文化內涵，所知甚少，到了一九七九年遼寧省建平縣牛河梁遺址發現，並開始作有系統的發掘，及遼寧省喀左縣大城子鎮東山嘴的遺址發現後，出土的文化資料才比較豐富，因爲在牛河梁遺址除出土了一些陶片，玉、石雕外，還發掘出來一座半地穴式的建築，及一些較大型的墓葬，在半地穴的建築殘址中，出土一些因火燒煅而塌裂的塑像殘塊，與塌陷牆壁的建材（紅燒土塊），二者混在一起，經仔細分辨，約有六個人體的泥塑像，部份塑像與人體比例相同，有些則比實人大三倍，並且還有類似禽獸的塑像，有些學者起初認爲，發現了一座紅山文化儲物場所，後來分析這個存有大量泥塑像的建築殘址，是一座廟宇（目前稱爲女神廟），在建築上有中心主室，並向外分出多室，而都是用左右對稱的方法，配置建築，形成一組有中心，又有對稱美感的殿堂（但也有部份學者認爲遺址太小，建築材料不夠考究，堅持認爲是儲神像的倉庫）。實際狀況如何，則恐怕還要更多的出土資料來印證，不過可貴的是，在這個遺址中出土了一件彩塑頭像，此器頭頂左耳已殘，面部下唇也已脫落，但五官位置、比例都相當精確，額頭上似乎塑有一髮箍狀飾品，面部上方

下銳，略顯嚴肅，眼睛是用淡青色圓形玉片嵌入，而玉片也經打磨拋光，可以想像出當時女神製成，眼光晶瑩閃爍的狀況，本塑像心部是紮有茅草的木架，內用粗泥，外用細泥塑成，待塑成後除細予打磨外，並施以肉紅色陶衣，嘴唇塗朱，整個塑造過程已經與現代的雕塑方式相同（如圖四十二）。在牛河梁遺址墓葬方面，出土的這一批墓羣，有圓墓也有方墓，大約都有二十公尺見方，四周砌石，墓上舖土及碎石，故而有稱爲「積石塚羣」者，這些石砌墓決不可能用少數人力完成，一般認爲是統治者或貴族的墓葬羣，在墓中心有石槨，當是墓主的位置，多有隨葬玉器，但數量不多，如前文所介紹的雙連璧形器即爲牛河梁出土，比較特殊的是，在大墓上有一些石槨小墓，必然是在大墓完成以後，再陸續埋上去的，依出土狀況研究，這些石槨小墓，墓主既不像殉人，也不像奴隸，似乎是墓主親近的晚輩。雖然有許多地方我們都還不瞭解，也有一些爭論，但是可以確定的是，這處遺址是紅山文化宗教活動的地方，也是統治者或貴族的墓葬區，這正顯示出統治階層和宗教，是有某個程度的結合，但是宗教內涵、信仰方式、祭拜狀況、社會情形、組織形態……等，我們仍然一無所知；而在遼寧省喀左縣大城子鎮東山嘴遺址，則出土了一處比較完整的祭祀殘址，從布局來分析，遺址南邊有一座石砌的圓台遺址，北面則是一座石砌的方形基址，都整齊的建在一條中軸線上，兩側並以石塊砌出十多米的石路邊肩，形成一個完整的建築組合，這些工程，決非少數人能完成的，所以應當是一處氏族的祭祀場所，尤其是在石砌圓台附近出土了一些陶塑神像，更是證明，在可蒐集到的神像殘塊二十多件

（圖四十二）本彩塑人頭像高二十二·五公分，顏面寬十六·五公分，約與眞人頭部大小相同，材質爲黃泥，並以木材包茅草作爲內架，造型舒和中略顯嚴肅，嘴部微抿，嘴角後收，表現出不可侵犯之態，而雙眼以圓形玉片，琢磨成凸圓形（有稱玉泡者），並打磨出光澤，使頭像更顯生動，爲我國史前文化中極出色的一件彩塑。

中，經併湊分析，神像約可分為兩類：

一、較大型，約五十公分高，多係座姿，雙足盤坐，手交放於胸前，腹繫皮帶，座底飾以蓆紋。（造型略似目前廟宇中的神像，但較粗糙），但均成殘塊，難以復原。

二、較小型的神像兩件，一高六‧八公分，一高五公分，雖頭部殘缺，但軀體還完整，全身赤裸，腹部凸起，右手置放於腹上，似有意突出孕婦的特點。（如圖四十三、四十四）

就造型藝術而言，尚完整的兩件小塑像軀體，表現出陶塑中簡練、生動、形似的一些成熟特點，非常難得，而為何塑成裸體孕婦，則還不能明瞭，可能是象徵收獲（？），可能是象徵生命的孕育（？）可能是象徵母性的崇拜（？）。只有期待更多的出土資料帶給我們答案了，相信到那時候，有關玉器形制的迷惑也就能夠解開了。

（圖四十三、四十四）此二器均為遼寧省喀左縣，大城子鎮東山嘴紅山文化的祭祀殘址所出土，材質為陶土燒成，殘高均只有五公分多，依當時對造型藝術的水準，此二器明顯在表現孕婦的體態，除肥臀、大肚外，均用手置放腹處，以為強調，為何作此裸體孕婦，目前尚不明瞭，但依出土地點來分析，應與原始宗教或原始崇拜有關，近年新疆出土高古木雕一批，臉部五官不作刻畫，女性乳部卻表現細緻，不知二者有否關連，因此二器頭部已殘，無法比對，殊為可惜。

　　目前依照碳十四測定，紅山文化晚期的幾個測得數據是：五五八○加減一一○年，五○○○加減一三○年，五四八五加減一一○年，但是早期的測定，因為樣本取得不易，目前還沒有作出來，可是若與中原仰韶文化同期來作比較，他的上限當在六千年以上。也就是說，目前比較保守的判斷，紅山文化的年代，距今約在六千年到五千年間。

第六章 ✛ 大汶口文化

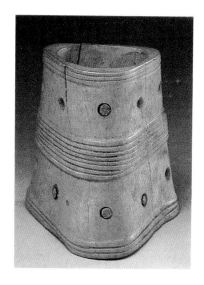

（圖四十五）此二圖所示爲大汶口文化出土的骨雕筒，爲此支文化的最大特色，這類器形多出土於墓葬中墓主骨架旁側，似爲腰飾器；本件骨雕，上、下各出三條弦紋，中作八條弦紋，紋飾中間再鑿孔鑲嵌綠松石（美石），爲藝術性極高的史前工藝品。

　　大汶口文化遺址早在一九五三年即已發現，不過當時大陸考古學分類仍不很嚴謹，所以認爲是仰韶文化在東方的一個分支，也因爲如此，後幾年陸續出土的一些大汶口晚期遺址，學者就順理成章的劃爲龍山文化了。到一九六二年山東省曲阜縣西夏侯遺址出現，經比對與當時所謂的青蓮崗文化有相當類似，故稱此類遺址爲青蓮崗文化江北類型，一直到一九七四年大汶口田野考古報告提出，雖然詳細介紹了山東省泰安縣大汶口地區史前墓葬的各種出土資料，但對於這支文化內涵與範圍還是莫衷一是。接著在山東臨沂大范庄遺址出土了一批相當完整的墓葬羣，共有廿六座古墓；繼而在山東日照東海峪遺址也出土了一批墓葬與房址，經過綜合分析研究，都是某一個史前文化向龍山文化過渡的重要資料，至此時，方確定了大汶口文化的重要性，雖

如此，但是在一九七八年「長江下游新石器時代文化學術研討會」中，有學者對青蓮崗文化的內涵一致性，產生疑問，主張劃分成江南與江北兩個類型後，再逐漸的從新出土資料研究，大家體會出，所謂青蓮崗文化的江北類型，其實是跟大汶口文化一體的，如此，才確定了大汶口文化的完整內涵與範圍，也就是說：「在黃河下游的黃淮平原與山東半島，在史前時代發展出來的文化，是自成一個獨立的體系。」

目前，我們把大汶口文化劃分為三個階段：

第一期：約在西元前四三〇〇年到三五〇〇年間，以山東兗州王因村遺址，江蘇邳縣劉林遺址，江蘇邳縣大墩子遺址為代表。

第二期：約在西元前三五〇〇年到二八〇〇年之間，以山東滕縣崗上村遺址、山東曲阜西夏侯遺址為代表，在這一個階段大汶口文化進步很快，陶器中出現細緻堅硬的白陶，而牙雕、玉雕、紡織業都有極大的發展。

第三期：約在西元前二八〇〇年到二四〇〇年，以山東曲阜西夏侯遺址上層，山東臨沂大范庄遺址，山東泰安大汶口遺址為代表，爾後大汶口文化，即逐漸過渡到龍山文化。

從前面介紹，我們可以知道在大汶口文化中、早期的遺址是在江

（圖四十六）本器為泥質紅陶，除上飾陶衣外，並在器表以白彩繪出對稱的八角星形圖案與平行豎線，這種紋飾表現出大汶口文化的獨特風格，為何有此造型，目前各有不同說法，筆者認為有可能來自石材中化石的啟發，本器於大汶口文化早期遺址江蘇省邳縣大墩子墓葬出土。

蘇北部的邳縣及山東兗州一帶（如圖四十六），但是因爲最早在山東省泰安縣大汶口鎮與寧陽縣堡頭村交界的一處遺址開始發掘的，所以稱爲「大汶口文化」，並沿用到現在。但是江蘇邳縣的遺址，卻最具代表性，這個位於邳縣四戶鎮大墩子的遺址，墓葬多達三百四十二座，而且疊壓著大汶口文化早、中二階段地層，對瞭解大汶口文化的初期內涵與進展狀況，很有參考價值。這處遺址早在一九六二年底就被發現，曾作了一些試掘工作，但一直到一九六六年南京博物院配合廈門大學考古系畢業實習，才完整有系統的開始發掘，這裡文化層資料豐富，又是由專業人士處理，在田野考古上是一次重大的收獲，由地層來分，下層屬於大汶口文化的早期（因在劉林村首先挖掘，所以稱爲劉林類型），上層則屬大汶口文化中期的花廳類型（因爲這一階段的大汶口文化內涵，首先在新沂縣花廳村發掘確定，故而以花廳命名）。

在劉林類型的殘址遺存中，出土有骨器、牙器、陶器殘片，並找到了一個陶窰遺址，在出土的八十三件石器中，有石鏟五件，石刀一件，石斧十件，石礪三十三件，石鏃一件，石鑿一件，石環八件，石紡輪七件，石墜六件，礪石（磨石器的石條）十一件，其中：

石環：都作成斷面呈三角形，雖製作不甚工整，但確爲腕飾。

石紡輪：分成兩類形式，一爲圓餅形五件，在器表作劃紋；另一種形式爲斷面爲梯形的，有兩件；都是用雲母片岩磨成。

石墜：分三種型式。一、圓柱形，上端有紐，穿小孔，可佩帶，下端收成圓錐狀，共二件；由乳白石磨製，已類似玉器。二、橢圓形，近上端有小孔，由綠松石磨製而成；共三件。三、圓形，製作工整，中有小孔，此型一件，由雲母岩製成。

而在遺址墓葬中，則明顯是一處有規模的氏族墓葬區，在三百多座墓葬中有二期疊壓，打破的情形，經分類：

一、大汶口文化早、中期墓葬劉林類型的墓有一百五十九座，葬式有單身葬與合葬兩種；從隨葬物觀察，顯示因人身份而異，少的只有一件，多者，則達三十五件，但也有十八座墓沒有隨葬品，綜合這一時期與玉器文化形成有關的特點是：

㈠墓葬方式仍很原始，都無葬具，只是把屍體平置，以土掩埋，頭向似有一致性，多朝東略偏北。

㈡女性已有佩頸、胸飾的習慣，因爲在女性墓主的墓葬中。胸、頸部出土有玉石環，及類似璜形的玉飾。

　㈢女性已養成帶鐲的習慣，但不限於一鐲，也無左右的分別，因為在女性墓主的手腕骨上常存有陶鐲，有左右各一者，也有一腕三件者。

　㈣有以獐牙併作成勾形器，以為握器的現象，這種握器是生前身份代表，或是具有其他用途，目前並不清楚，但是在墓葬中多有發現，而且不分男女，也有左右手各握一器的狀況，但不見其他材質，或玉石製作，此或為爾後以玉器斂葬習俗中，玉製握器的源起。

　㈤有以龜甲為隨葬品的現象，一般將龜甲置於腹下，此或承襲以玉製龜形器、玉龜以為隨葬的<u>紅山文化</u>習俗有關。

　㈥已有使用頭飾的習慣，但都是以骨或豬獠牙作成「約髮」，尚不見玉器，亦少有紋飾，似乎實用性仍大於裝飾性。

　㈦發現有陶製狗隨葬的情形，但到底是因為狗協助人狩獵的密切關係，待人死後，隨兵刃、工具一齊入葬，再逐漸形成俑狗的習俗，還是因為陶製玩物隨主人入葬，抑或是因食物用途而入葬，再改成俑狗，則無法確知。

　二、到了<u>大汶口文化</u>中後期的花廳類型，不論從遺址疊壓狀況，

（圖四十七）本件為一殘器，原器下有三個空心足作支撐，器名稱「鬹」，是炊具之一，下可生火，為<u>大汶口文化</u>所發展出來的特殊器形，材質為夾砂灰褐陶；豬的造型渾圓飽滿，但能掌握住體態的線條，頭尾比例適中，五官配置良好，把家豬可愛、憨懶的神態表露無遺，從這件大汶口文化早、中期的陶塑品，不但讓我們知道，這支文化獨立發展形的創造力很強，並且對動物的觀察，表現在實器上的綜合藝術方式，也有更深的瞭解。

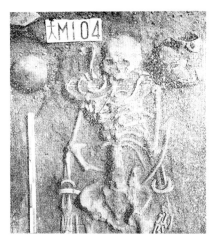

（圖四十八）本墓為大汶口文化中、後期墓葬出土狀況，屬花廳類型，據知本墓墓主，為五十多歲的老者；伴隨出土的除有石器、陶器外，有石環兩個各放置於眼眶上，胸前側則有石璜形器，手中握有獐牙勾形器（如圖左手下方）；從這一幅圖中我們可以瞭解，大汶口文化後期已經賦予墓葬更多的宗教意義，其中與玉器文化有關的是：

　　㈠玉環作為首飾，並不限於佩帶。放置在墓主眼眶上，雖沒有證據證明賦與玉器斂屍的意義，但確為爾後以玉覆面的最早起源。

　　㈡玉璜的形制起源甚早，為胸飾無疑。

　　㈢爾後玉器文化中的握豬，握器，起源於大汶口文化的獐牙勾形器。

（圖四十九）本墓與前圖同屬大汶口文化中、後期墓葬，出土於江蘇邳縣大墩子遺址；從此圖中顯示，陶器隨葬在大汶口文化中已是普遍的習俗。另據知本墓墓主為女性，所以在隨葬陶器上，男女差別不大，但女性多有佩腕飾的習慣，不但不限一隻，也不限左、右手，從此圖觀察，其中與玉器文化有關的是：

　　㈠在這支文化中，玉璜的形式與對鑽的半鐲相類似。

　　㈡鐲式由扁平趨向於帶狀，僅是審美觀念的改變，並沒有其他影響的痕跡。

或出土文物演變情形，都可以看到承續劉林類型的狀況，但是文化層面更複雜了，社會也明顯的更富裕了。而且墓葬中隨葬物品的擺放方式、位置、數量、粗具一定的規範，似乎隨葬習俗，因為原始宗教的發展，而賦予一定的特殊意義。而與玉器文化形成有關的特徵是：

(一)在個別墓葬的頭蓋骨或隨葬石斧的上端，發現有塗紅硃（這種紅硃的成份是赤鐵礦），在源起上，早在舊石器時代的北京山頂洞人就發現有飾石珠敷硃的例子；而爾後新石器時代晚期黃河流域的辛店文化、齊家文化，以至龍山文化也都有類似習慣，顯然是繼承大汶口文化而來，直到殷、商、西周，乃至漢、唐，隨葬物品上多普遍使用紅硃，而在隨葬玉器上，也常沿用此一習俗，故稱為「葬玉塗硃」。

(二)在大汶口劉林類型墓葬中，曾發現一個二十多歲女性墓葬中，殉葬有一頭七、八個月大的小豬，但到了花廳類型，殉葬大豬、大狗的例子就很多，多放置在墓主腳下，而一般墓也有用豬頭或豬下頜骨殉葬，曾有一墓就出土豬下頜骨十餘件，顯示大汶口文化在這一時期是相當富裕的；但是這種隨葬習俗，是具有宗教禮俗的意義，或是單純為死者儲存食物，則尚有爭論。（如圖四十七）

(三)獐牙製勾形器仍然出現，但製作更精細，曾有一墓出土四件，其中墓主右手握兩件，另兩件置於墓主身側。

(四)手鐲斷面由三角扁形，趨向於狹長形，並有以豬獠牙二支，修整、鑽孔連接，作成的牙鐲；也發現有石鐲斷裂後，兩端鑽孔，以系繩連接再行使用的情形。

(五)石（玉）環的裝飾用途是多方面的，有出土於墓主胸前，應當是作為胸飾，也有出土於墓主骨架頭部兩側，約為耳飾，但個別也有出土於墓主骨架鼻部，或出土於墓主骨架的兩眼眶上，由此可知，爾後西周、春秋、戰國玉瞑目的習俗，正在形成中，顯然，這是受原始宗教的影響，但賦予的意義，並不很清楚；並且，這些環的材質幾乎都是石質，還看不到玉殮屍的傾向。（如圖四十八、四十九）

(六)有以陶製的小屋為隨葬品，這糾正了以往認為陶制明器的模型，是漢代才興起的錯誤觀念，並上溯了近兩千多年。這些陶製小屋有圓形及方形兩種，都有門、窗、四壁及攢尖式屋頂。從這些模型，我們可以瞭解到在大汶口文化的中、後期，已經脫離半穴居式的生活。（如圖五十）

三、大汶口文化到了晚期，從出土資料更可看出文化進步，社會繁榮的現象，茲以山東大汶口遺址為例，作一說明，這處遺址共發現

（圖五十）本器爲一小陶屋，出土於江蘇邳縣大墩子遺址墓葬中，當可確定爲「明器」隨葬，此屋有門、有窗、有簷，應爲大汶口文化中期住居模型，由此證明，當時已脫離穴居生活，而牆下、屋頂四邊刻有狗型，顯示，當時人類與狗關係的密切。

墓葬一百多座，其中部份應屬大汶口文化中期，因與大墩子花廳期相當，故不再贅述，但在確定的後期墓葬中，出土的隨葬品，其進步精細的程度，實在令人難以想像，例如，一九五九年出土的骨雕筒，上鑲有五粒綠松石，整器上、中、下部都磨出弦紋，精緻美觀，是一件難得的藝術品；又如同期出土的「鏤空廻旋紋象牙梳」，除材質難得外，器體飾以鏤空的廻旋紋，造形奇特，十七根梳齒，間隔相同，打磨工整，製造手法之巧，實在是巧奪天工。這可證明大汶口文化在這一個階段，農業與手工業早已經正式分工，因爲這些藝術品，若沒有專業化的訓練與長期的製造，是不可能作出來的。同樣的，我們也瞭解到大汶口文化在這一個時期，社會上已經有階級的分別，因爲在墓葬羣中，小墓占大多數，沒有或只有一、兩件隨葬品，但大墓就完全不同了，不但棺槨具備，墓坑寬大，而且隨葬品也極豐富，以大汶口十號墓爲例，出土時，墓主骨架頸部佩掛三串由大理石或綠松石製成的串飾，右腕佩有玉臂環（質地良好，可稱爲玉），並隨葬一件墨綠色的玉鏟，及骨雕筒、象牙筒、象牙梳、象牙管、兩個豬頭、八十多件精美陶器，及八十四塊鱷魚鱗板（筆者認爲可能是以鱷魚皮作鼓面或其他裝飾，腐朽後，皮面上角質層未朽，才在出土時變成零散鱗板的狀況，但目前尚未證明）。

從前述大汶口文化的三個不同時期的出土資料，我們可以歸納出：

　　第一、大汶口文化的隨葬品約可分爲生產工具、生活用具、裝飾品、藝術品四大類。在生產用具中仍以磨製石器與骨器爲主，偶有陶製。生活用具則以陶器爲代表，以泥質陶與夾砂陶爲主，後期則出現堅硬美好的白陶，後期因爲手拉胚的快輪出現，生產數量、質量都有可觀，而且薄胎黑陶的出現，爲龍山文化的陶藝高峯，開啓了先聲，而且大汶口陶器亦有施以紅衣或彩繪的情形，紋飾有漩渦紋、花瓣紋、菱形、網格等圖案，其中八角星形的彩繪最具特色。就出土裝飾品而言，老年、中年、少年、孩童都常戴有裝飾品，形制以環、墜、鐲、璜、約髮爲主，其中環、墜多爲石質，偶有一、兩件略似美石，鐲有牙製連合或陶製；約髮則以骨、牙製成（因都出土在墓主骨架頭部或枕骨，用途應該沒有疑義）。而藝術品則大多出土於後期大型墓葬中，顯供統治或富裕階層使用，文化意義不大，但是藝術性最高。（如圖五十一）

（圖五十一）本件彩陶器出土於山東省泰安縣大汶口遺址，材質爲陶，並加繪紅陶衣，爲一件壺形器，尾根之筒可灌水進入器中，而自口中流出，造型生動，設計精巧，尤以「張口」的動作，似自連續動作中捕捉而來，這種變利那爲永恆的藝術造詣，確爲大汶口文化晚期進步的代表。

第二、從隨葬品的狀況瞭解，<u>大汶口文化</u>的進步與富足是很明顯的，在此文化早期就已經是農業鋤耕社會了，而且豬、狗是普遍飼養的家畜，並且農業與手工業已明確分工，造就出一些優秀的藝術人才；例如：在不少陶塑中有仿豬狗之型，雖一般民間器用，似無宗教意義，但都栩栩如生，頗有可觀。（如圖五十一）

第三、從墓葬中墓主握有獐牙勾器形器來看，似乎這一文化的原始宗教已經形成（與<u>良渚文化</u>的璧、琮，<u>紅山文化</u>的勾雲紋玉器相同，都有濃厚的宗教形式意義），雖然實質內涵我們還是不瞭解，但是這獐牙勾形器，絕對是我國玉器文化中亡者握玉的起源。

第四、在墓葬或墓主頭部塗朱的狀況，雖可能是承襲山頂洞人珠飾塗朱的習慣，但我們也不能抹殺從本身宗教中發展而成的可能性（有許多專家就認為如此，有的說拜火，也有人認為是拜日，也有的認為是象徵血液），雖然沒有定論，但是可以肯定的是，爾後我國玉器文化中「葬玉塗硃」的習俗必是從此而來。

第五、從多處墓葬中，我們發現石環不僅限於作胸飾、頸飾用，有的作耳飾，也有置於墓主的眼眶上、鼻上；（但這些環都多為石質）不但為爾後玉瞑目，甚至金鏤玉衣（玉匣）找到了源起，證明這種習俗的形成，是從石器過渡到玉器，如此，也等於否定了玉器斂屍是起源於「玉在九竅，則屍身不朽」的說法。

就總的而言，<u>大汶口文化</u>中玉器（美石）出土數量並不是很多，在製作上也沒有太特別之處，但是許多骨製、牙製首飾的形式，及一

（圖五十二）本器材質為夾砂灰陶，器形簡單大方，上緣略殘，僅作素面，未施陶衣，全器長六十公分，口徑約三十公分，比例拿捏頗準，於山東省莒縣陵陽河遺址出土，此器比較特殊的是，在外壁刻有一組類似太陽、月亮（或雲氣）、山峯的圖案，不知是否象徵「晝夜交替」或「自然現象」？有學者認為這一組圖形，就是我國最原始的文字。而此圖形中，山的角形、月的弦度，在其他陶器彩繪中我們都常看到，為大汶口紋飾的特徵，亦有表現在玉雕刀法上，頗具參考價值。

些陶器的造型與紋飾，在以後為玉器製作所吸收；一些墓葬物品爾後為玉器所替代，都豐富了玉器文化的內涵，筆者認為，這才是大汶口文化對我國玉器文化影響最深遠之處。（如圖五十二）

此外，我們就大汶口遺址十號墓出土的玉鏟及崗上村遺址出土的「玉人面形飾」作一介紹，以為本章的結束。

（圖五十三）本器製作工整，沒有使用痕跡，器表少部份結入土多年，因長期與土地接觸所生成的土垢，此亦為入土高古器特徵之一，此類土垢與器表長期成為一體，在土垢除下時，與器表其他部份品相不同，應略新於他處，如若相同，則為以膠調泥堊貼作成，必為偽作。

本器是一九五九年出土，墓葬確定為大汶口文化晚期，也是目前大汶口墓葬中出土文物最豐富的一座。本器形制為鏟形，明顯是模仿工具形式製成，全長十九公分，厚約○・七公分，鏟刃由雙面磨成，刃口鋒利，沒有使用痕跡，鏟腰略向內收（略似束腰形），但不很明顯，靠近鏟背處中央，有一個由兩面對鑽透穿的圓孔，本器材質呈墨綠色，目視檢驗，可能是岫岩玉材，但不能確定，略有沁浸土垢，全器打磨均勻、光滑，製作勻稱，可知製作者的精心（如圖五十三）。由本器的出土，使我們以往對禮器的認知，產生了挑戰，因為我們一直認為禮器的特點是：製作工整，大器不琢，而且周公是以日常工具的形制製作禮器的。如果，我們用這些條件來判斷，就很容易把這件玉鏟看成禮器，但是出土資料告訴我們，早於西周以前一千多年的大汶口文化，就已經具備製作如此完美玉器的技術與水準了。

此外，在山東滕縣崗上村遺址中，出土一件「玉人面飾」（如圖五十五），出土墓葬經研究，約屬大汶口文化中、後期，此器高三・二公分，寬三・九公分，作扁平形，但在背後中央有一垂直的凸起脊

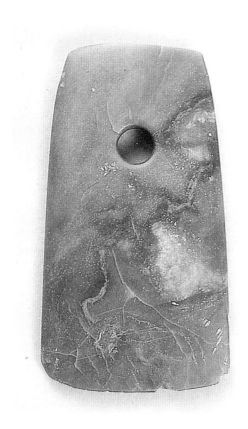

（圖五十四）本圖爲美石制成的石斧，　新石器時代的實用工具，與保存完整，
双面有使用痕跡，器表有剝裂傷痕，爲　形成規正的禮器，還是能分辨的。

（圖五十五）本器材質不明，原出土記
錄稱爲「玉人面形飾」，但目視觀察，
此器表面略現細裂紋（如瓷器中的冰紋
），爲鬆軟石質長期入土之特徵，一般
玉器有沁、有土蝕，但筆者尚未見過玉
器出土呈此類品相，故當爲較特殊石材
所製。本器刀工的弧形，鼻的三角形，
在前述陶器紋飾中都個別有出現，值得
比對參考。

，在脊上有一橫穿孔，明顯的可作佩飾，或懸飾，本器正面兩邊略呈
弧形，以粗陰線雕出眉、眼、口、鼻，但未雕雙耳，整體製作雖未盡
工整，但已把握住人的面部表情，尤其在製作設計時，爲不求破壞面
部輪廓，而採用背面雕凸起脊，其上再穿孔的方式，這種器形設計的
考慮，顯示出雕玉匠人的工藝智慧，也更表示出大汶口文化先民卓越
的創造力。

　　註：紅山文化玉雕中，有一玉龜亦用此類雕法繫穿。

（圖五十五Ａ、五十五Ｂ）此二器均爲大汶口文化所發展出來的器形，器肩有繫繩處，可以背水，故名爲「背水壺」，器形侈口，頸下收縮，可使盛水因搖晃而難溢出，頗合科學原理；此二器材質各異，一爲泥質紅陶，一爲白陶。其中施彩之器，以黑、白彩在器形上施同心圓紋、弦紋、鈎卷雲紋、三角紋與乳丁紋，因此器屬大汶口文化後期作品，與前圖大墩子出土的八角星彩陶盆比較，即可略知這支文化進步快速的情形，而其中許多紋飾影響後期玉雕很大。

第七章 ◈ 河姆渡文化

　　大約在八、九幾年前，台灣古董界由香港輾轉傳來消息，說：大陸發掘出了河姆渡文化，其中出土了我國最早的玉器……。這個消息不逕而走。居然在台灣掀起了一股河姆渡熱；玉商、古董商、初學古玉者莫不以賣弄我國最早玉器的出土地點──河姆渡，爲深奧學問，其實眞正知道這支文化內涵的人是不多的。因爲河姆渡文化的內涵精華，並不在玉器，也不在一、兩件牙雕、骨雕，而在於他整個社會，所呈現出來的文明先進程度，及對我國文化的深遠影響。（如圖五十六）

（圖五十六）本器作鉢形，在河姆渡遺址出土，長方形而圓角，外壁兩面刻劃豬的形象，雖腿部比例略不相稱，但頭、尾、鼻都顯示出家豬型態，表示這支文化已經高度農業化，且豬身飾以圓圈與弧形紋，最具特色，本器材質爲夾炭黑陶，爲河姆渡文化的陶器代表，其生成原因爲：在陶泥中加入少量稻殼，在燒製陶器時，因火的溫度不很高，又缺氧，使稻殼不致成灰燼而呈炭化狀，由此也可知，當時製陶技藝的高超。

（圖五十七）本器大小僅爲五、六公分
，似爲用陶土信手捏成，形態自然，四
足方向與前圖相似，此即爲筆者所提，
同一時代、地區的史前文化，其藝術多
有共通性，本陶塑未有紋飾，五官均未
作出，但妙形天成，僅用下腹部的凸起
，即將豬形表露無遺。

　　他的出土經過是，浙江省文管會於一九七三年，在浙江省餘姚縣
河姆渡村發現的新石器時代遺址，經遺址勘測，面積約有四萬多平方
公尺，位置在寧紹平原的南端，因爲這裡有一條姚江流過，是孕育這
支文化的主因。經一九七三年與一九七七年的兩次專業考古挖掘，從
揭露的地屬中，可以分析出四個相互疊壓的文化層，確定是長江下游
以南的一支新石器時代早期的遺址，其後，陸續在附近也發現一些遺
址，像寧波人字橋、鄞縣辰蛟村、餘姚縣茅湖村……等，都可歸類於
河姆渡文化，學者將在嘉興馬家濱遺址出土的馬家濱文化與他比對，
發現彼此毫不相屬，一者在太湖流域（馬家濱文化），一者在杭州灣
以南的寧紹平原（河姆渡文化）。在我國長江下游的氣候、地形、環
境都爲一體，而且沒有阻隔的情形下，居然在如此近的距離，形成兩
支高度文明的新石器時代早期文化，確是異數。
　　目前根據出土資料與遺址地貌，我們大約可以勾畫出河姆渡文化
進步的情形：

（圖五十八）本器爲夾炭黑陶，器形稱釜，腰沿多一圈凸脊，可架離火面，使用小火燜煮，爲河姆渡文化的重要生活器具，因爲此支文化最早發展出稻作，而煮米爲食，則以此類器形最合適，迄今爲止，仍有炊具在腰沿加鑄一圈，以爲使用小火之用。由此也可知，河姆渡文化進步、文明的情形。

（圖五十九）本器與前圖器形大同小異，但釜沿作成多角形，表現出河姆渡文化將藝術納入生活實用器的風格。

一、在河姆渡文化早期，就已經進入鋤耕農業的社會了，因為出土有大量的稻莖、稻穀與少量獸骨，這不但證明這個文化已經進入農業社會，而且這種以農耕為主的生活形態還不是初期；目前，中外史學家大多都承認，亞洲整個稻作區的起源，應該是河姆渡文化。（如圖五十八、五十九）

二、一九七七年的挖掘，出土了一件木胎漆碗，這件木質的殘碗。碗壁頗厚，但從器底的圈足作成略向外撇的造型顯示，這個木碗應不是一件普通盛器，出土時，器表留存一層朱紅色的薄塗料，尚有一點光澤。經光譜分析，確定為生漆（即天然漆）；在已往，世界就已經公認，我國的漆器發明與使用，對世界的貢獻很大，但認為最早的生漆使用，約在龍山文化晚期時代，如今不但出土於更早一兩千年的河姆渡文化，而且已經發展出調朱為色，作為裝飾用，以此觀之，則以生漆為膠著劑的早期用途，更不知應往上推多少年了。（如圖六十）

（圖六十）河姆渡文化的貢獻，現在逐漸顯現出來，他的文化內涵極其豐富，啟迪了晚期的中原龍山文化；以往，我們一直認為是龍山文化發展出來的漆器，現在依出土資料證明，他是河姆渡文化藝術的一部份，而且已經發展到調朱為漆，作為裝飾的階段，此即為世界上迄今所知的第一件髹漆器具。

三、河姆渡文化遺址中曾出土，類似水井的遺跡，上有木構框架，可能是作為水井用，（但也可能是其他有意識的挖掘行為），如若確為水井，則古史中所載，水井造於黃帝時代的說法，又要被推翻

（圖六十一）本器材質為象牙，中刻太陽，外飾日暈（似火形），兩邊各刻一隻對稱相似的鳥，故名之為「雙鳥朝陽」。本器共有六個小圓孔，當可確定為

嵌飾，可釘於他器之上，但器形已殘，雙鳥、太陽又難解讀，故目前尚不知其用途。

了。

四、河姆渡文化出土的文物甚多，品類也很複雜，例如：陶器、石器、木器等，都有獨特的造型與文化特色，與其他同期史前文化相比，多顯進步，其中一些小件的藝術品，刻工精細，構圖巧妙，如「雙鳥朝陽」的牙雕片器、象牙圓雕的鳥形匕……等，除工藝精美外，更顯示這支文化的原始崇拜與鳥類有關。而以整體分析，河姆渡文化出土的圖飾器形，除鳥類為主體外，更以較寫實的方法，描述身邊周

（圖六十二）本器高十六‧二公分，口徑三十一‧六公分，為夾炭黑陶，器形外壁以細線畫出魚紋形與水草，雖畫得不甚工整，但樸拙有趣，顯示水中世界也已成為河姆渡文化先民觀察的題材，也印證這支文化，已經將生產活動，普遍擴充到水域中。

漕的事務，如稻穗、家豬、闊葉……等，也表示這支文化偏重生活、注重生活的型態。（如圖六十二）

　　五、在河姆渡文化遺址中，曾出土一件陶製的的小舟模型，及六支木槳，明確的表示，河姆渡先民不但是我國最早的舟楫發明、使用者，而且多量木槳的出土，也可看出先民們已經使用獨木舟，將生產活動普遍的擴充到水域中，這也是以往我們所不知的。

（圖六十三）本圖二器，從一端鑽孔狀　　硬度較老岫岩尚低，但經打磨後，具光
況來看，應爲佩飾，材質細緻，曾有學　　澤，當可稱美石，爲何用此類材質，可
者將河姆渡文化出土玉器分析，發現材　　能與區域礦源有關，但目前已無線索可
質多爲氟石，此類美石多爲綠色系列，　　尋。

　　此外，在第一次遺址發掘，清理出兩件長約兩、三公分的青色飾件，材質雖稍軟，但在微有浸沁中，可看出略有透明的現象，以「美石爲玉」的標準來看這二器，可稱爲玉，目前經檢驗、確定材質爲「氟石」。（如圖六十三）。又因出土於第四文化層，所以大家都稱爲我國最早的玉器；其實爭論上古玉器何者最早，是沒有意義的，因爲在石器時代，佩石的起源是很早的（前文曾提到約四萬年前北京山頂洞人就有以石珠塗紅色礦粉爲佩飾的資料），在這長遠的過程中，必有一些合乎美石的定義；所以，筆者一直認爲，以何件玉器，那個史前區，爲我國玉器文化的起點，是沒有意義的。前述二器，略作彎弧形，所以出土資料原稱之爲「璜」。後經一些器形專家研究，此二器均僅鑽有一孔，似作爲垂飾佩掛，且此二器兩端斷面均作不規則狀，若以完全弧形估算，大者約可爲一鐲，小者則與玦的大小相似，似爲殘器改雕而成，但目前多數學者都認爲，這兩件玉璜形佩，就是我國璜的起源；筆者深不以爲然，因爲「璜」若出自河姆渡，則此二器應

　　鑽二孔懸佩，未鑽二孔，反是證明「璜」形的觀念，在這支文化還沒有形成，我國「璜」的形制起源於「馬家濱文化」（詳見第八章「馬家濱文化」）。而此二器應稱「弧形墜」。

　　此外，在河姆渡文化早期地層中，也曾出土一些「玦」形佩飾，如圖兩件，在白虎通中解釋：「玦，環而不周。」廣韻也說明：「玦，如環，缺而不連。」所以，此二器以器形言，確為玦無誤，其中大者材質呈青綠色，以浸沁研判，略似前文之弧形墜，可能也是氟石製成，缺口略大；而小件者，材質呈紫紅色，缺口較窄，而未完全斷離，目視檢測此器，因器表較為細膩並略帶光澤，可能為類瑪瑙材質，此類玉器硬度較高，這也可能是缺口未能完全斷斷的原因。另有關玦的形制，起源甚早，約自新石器時代初期即有出現，一般相信它的源起，就在長江下游的河姆渡與馬家濱文化，並且影響深遠，中原的仰韶文化、長江以南的海岸線，甚至包括台灣的新石器遺址，以及山東半島、遼東半島、日本沿岸等遺址，都有這種「環而不周，缺而不連」的玦形器，並且在出土的墓葬中，幾乎都在墓主骨架的顱骨兩旁；所以，在我國古玉器形制中，算是起源、影響、形式、用途都很明確的一種器形；爾後，我國家形成，變成封建社會，大臣在朝被逐，等候後命，若皇賜環，則意指「還」；若賜「玦」，則黯然上道。

　　後史記項羽本記中，敘述鴻門宴，有：「……范增數目項王，舉所佩玉玦以示之者三。項王默然不應……」，這幾句話翻成白話文是：「范增幾次用眼光暗示項羽，並用手拿起佩掛的玉玦，暗示項羽應該果決，項羽知道了，卻不回應。」於是，玦又有了果決，果斷的意義，比照史記記載范增佩玉的年代，賦予玦這種用意，至少在西漢初以前，所以范增才佩之以自勉。

　　從玦最初的用途，一直到爾後，賦予他政治意義與儆身意義，都有很完整的記載，此所以玉器專家都稱：「玉玦，環而有缺，在於實用方便，其缺口正好夾入耳垂。」、「既方便又牢靠」。可是，長久以來，筆者對玦形器的最原始用途，一直存著懷疑，因為這類器形在高古玉中較多，筆者接觸的機會也多；雖然，在出土記錄，與田野考古資料中，證明他是耳飾，應是不容否認的；但是，以實物觀察，夾在耳垂上，極易掉落，就算缺口很小，勉強夾上耳垂，除佩帶者耳部不適外，久之，仍會掉落，且在落前不易感覺出來，以先民重視寶愛玉器的心態，可能如此佩掛嗎？如果玦穿入耳洞，那先民的耳洞必定相當大，而且活動中，玦也可能自耳洞中滑出，可是出土資料卻又不

容我們否認，另參酌有關古器上，所描繪人像，上古先民，不論男女，穿耳洞的習俗確有存在，所配戴者，以環為主，似未見配玦；故而，筆者有一個想法，認為：玦與環應是一物兩型，用途也都作耳飾，但生者佩「環」，亡者配「玦」，因亡者不再活動，才稱得上「方便靠牢」，也符合史前先民寶愛美石的習慣，果真如此，則玦應當有「訣」別，分「絕」的意義，也可能是我國玉器文化中，最早一種玉器「明器」（專供入墓之用）了。（如圖六十四）

（圖六十四）本圖二器為玦形耳飾無誤，我國沿海一帶史前遺址常有出土，形制相似，材質各異；筆者分析河姆渡文化手工藝品，藝術性相當高，但刀具發展，似嫌落後，此所以牙、骨、陶、木雕雖均有特殊成就，而玉器則明顯落後，或許因為地屬沼澤遺址，缺乏質優的解玉砂所致，此也可以解釋本圖小形玦，未能將缺口截斷的原因。

第八章 ⊹ 馬家濱文化、崧澤文化、良渚文化

　　早在清末，浙江北部的杭縣、安溪、瓶窯等地，就陸續有玉器因農民整地而出土；初時，大家不甚了了，均稱之為漢玉，官府也曾昭示「禁掘皇墳、私挖漢玉。」但到底是何時皇墳？是否為漢玉？則眾說紛紜，莫衷一是；此外，那一段時間，也正是我國力衰微、列強橫行之時，有心的國外收藏家陸續收集，運到國外，使這一地區不少極具考古價值的玉器四散國外，甚或散失湮滅。

　　到一九三四年上海博物館管理員施昕更先生向博物館提出，在渠家鄉浙江省餘姚縣良渚鎮常有黑陶陶片與文物出土，建議予以試掘，經考察採集與初步發掘後，確定是一處古文化遺址，即以施昕更先生的家鄉良渚鎮為命名，稱為「良渚文化」。

　　該時，一般學者多認為，這是山東龍山文化越過黃河、淮河而在長江流域發展的一個分支。後來出土文物漸漸多了，在有關資料比對上，大家才發現，良渚文化不但與龍山文化不相屬，而且年代更早，到一九五二年江蘇省淮安縣青蓮崗遺址出土，用碳十四測定其年代，距今約六千至七千年間，於是又有把良渚文化納入青蓮崗系統之議，但到了六十年代，良渚文化地區出土的資料更多了，大家才感覺到，我國華東地區各新石器文化遺址的出土文物，有少部份共同性，並不能表明他們是屬於同一種文化，並且陸續出土的石器工具型制、陶器羣的特點、喪葬習俗上，都證明了這一個觀點，於是有關考古學家才重新思考「良渚文化」的來源問題。

　　首先，大家改變了以往的看法，也就是認為在新石器時代早期，長江中、下游是渺無人烟的蠻荒之地，因為從不同區域出土資料證實，在整個長江下游，不但有人類，而且發展出不同的史前文化，都有自己的源起、脈絡，和其他地區的史前文化相比較，他們是獨立發展的。接著將幾處遺址的地屬疊壓情形作了詳細的分析，才把良渚文化的承襲序列劃分出來，目前比較為人信服的說法是：

馬家濱文化→崧澤文化→良渚文化

　　這樣的序列劃分是有科學依據的，因為在浙江常州圩墩遺址的中、下屬與馬家濱遺址出土的文物相似或相近，而圩墩遺址上屬文化層的遺物，與青浦、崧澤文化相同；而浙江吳縣草鞋山遺址的出土資料

，更明白顯示，文化層下屬是馬家濱文化，中屬爲崧澤文化，上屬則爲良渚文化，又如崧澤文化最初發現的地點——青浦崧澤遺址，下屬出土資料與馬家濱資料有相同的文化特徵。

　　所以，我們依照這三個文化的繼承先後，及與玉器文化的關係，作一簡單介紹：

第一節◇馬家濱文化

　　馬家濱文化是因爲首先在浙江嘉興馬家濱遺址發掘而得名，但截至目前爲止，發現的遺址並不多，目前所知的範圍，均圍繞在太湖沿岸，曾有學者認爲：馬家濱文化可能承襲餘姚河姆渡文化，但是既缺乏考古出土資料證實，而兩處文化風格也難分辨出承襲的痕跡，所以，並不可信。但是有人認爲馬家濱文化是承襲羅家角文化（太湖流域附近更早的一處新石器時代文化），這個可能性，就地緣來看是很大的，並且在出土灰陶片比對上，看到一點馬家濱文化承襲的痕跡，可是羅家角出土文物太少了，所以還不敢確定。

　　但是，從已知的馬家濱遺址所出土的資料，傳達給我們的一些訊息是：

　　一、在遺址中都發現大量動物的的骨殼，種類有鹿、獐、野豬……等野生動物，及蛤、蚶……等水生動物。並有已碳化的稻殼，顯示在這一個時期，已經開始栽培稻米，但也只是初期萌芽階段；因爲漁獵採集的生產方式，仍然占有相當大的份量，而從遺骨的種類來看，家畜飼養也只是在初期。

　　二、從各遺址出土的陶片資料來分析，馬家濱文化陶器因地區而略有差異，一般分成：

　　1.草鞋山類型：這是馬家濱文化的主體，遺址大多在太湖以東、以南，陶器特色爲夾砂紅陶。

　　2.圩墩類型：只在太湖以北的圩墩遺址下屬發現，在馬家濱文化中，時間略晚，以灰褐陶爲主。

　　二者器形則沒有太大分別，包括有盆、鉢、罐、尊、壺……等，其中以腰沿釜及似魚鰭形足的鼎，最具地區特色，且已有小量黑陶出現。

　　三、從馬家濱文化出土資料顯示，骨器製品相當多，相對的石器製品比較少，而且比較笨重粗糙；但到晚期，曾出現了有段石碎（即似手斧而邊双自一邊傾斜，碎身分爲二段減地，據知爲便於製作獨木

舟的用具），雖然製作不佳，但這種型制，卻爲爾後的良渚文化所承襲，並表現在玉器製作上。（另據知，河姆渡文化也有類似器形）

四、馬家濱文化遺址中出土了一些玉石玦，爲我國玉器中玦形飾的最早起源之一，但製作都很粗糙，選材也不一定精美，但已足證明，當時已有佩帶飾品的習慣，但到了馬家濱文化後期，則開始出現一些，半環形的璜形石器首飾；以往學者總以「半璧爲璜」的說法，認爲先有璧，且自璧斷裂的靈感中作出璜；也有人認爲璜的形制，出自於先民對「虹」的形象模仿而成，現在看來都是不對的，因爲從馬家濱文化出土的序列來看，先有玦、環的形制，然後斷口逐漸擴大，器身漸縮，才形成璜的形制，但是爲何這一支文化偏好圓形而有缺的形式，是否與紅山文化的玉龍有關係，目前則仍是一個謎。（但也有玦、鐲斷裂，繼續佩帶，而成璜起源的可能；如圖六十五）

（圖六十五）本圖是浙江沿海出土的玦與璜形飾，約爲馬家濱文化後期、崧澤文化早期，這些璜的形制，否定了「半璧爲璜」的觀念，已往我們一直以爲先有璧的形制，璧一剖爲二則形成璜，現在明確的出土資料告訴我們，璜的形制，可能是玦的斷口擴大，器身漸縮所形成的。

五、有關馬家濱文化墓葬的特性，也是很奇怪的，因爲葬式上，早期幾乎都是俯身葬，一直到圩墩晚期，才開始出現仰身直肢葬；且依出土資料分析，當時已經有較大規模的氏族公共墓地，墓葬排列，整齊密集，但隨葬品很少，大部份都沒有，而少數的也只有一兩件陶器日用品，如壺、鉢、盆……等，並且很少以生產工具隨葬，只是偶而出現石紡輪。（這也證明馬家濱文化已有紡織手工業）

　　以我國整個幅員來說，已發現的新石器時代遺址不下千百處，但長江下游地區（包括河姆渡文化），對我國玉器文化的形成，都有非常大的貢獻，可是我們從前述馬家濱文化的簡單介紹中，可以發現，在這一個時期，不僅玉器很少出現，甚至石器都不算很興盛，尤其從墓葬出土資料顯示，石器工具隨葬很少，也很難看出有賦予玉石特殊的政治或宗教意義，可是經過崧澤文化，再進化到良渚文化，玉石器的製作興盛程度，卻成為這支文化的最大特色，其中演變的誘因，包括：社會的富庶（長江三角洲土地肥沃，是著名的魚米之鄉）、原始宗教的興起（這一地區居民較敬神畏鬼）……等，都是值得我們深入探討的，尤其馬家濱文化早、中期墓葬中的俯身葬習俗，隱約提供了一些線索給我們。

　　早在民國初年，中央研究院史語研究所挖掘安陽小屯村殷墟，就出現了幾座俯身葬的墓，但是在比例上很少，經研究，初步認為是奴隸的葬式，但也可能是人殉或凶死（受傷、意外等非正常死亡者），如此，俯身葬就如此定義下來；及至馬家濱文化資料出土，以江蘇吳縣草鞋山下屬為例，可辨別出葬式的七十二具骨架中，俯身葬多達五十幾具，而後來青海齊家文化遺址中四十多座墓，就有三十多座是俯身葬，也因為如此，前面所提到「奴隸」或「凶死」的結論，也就不攻自破了，所以，目前大家已公認，俯身葬也是新石器時代的正常葬式之一。

　　但是為什麼要用俯身的葬式來入葬呢？筆者認為：在原始宗教形成的過程中，對鬼神愈畏懼者，形成俯身葬的可能愈大；因為從人類學的角度分析，土葬最早形成的概念，並不是尊敬死者，土葬的最原始目的，是以泥土埋壓屍體，使死者鬼魂不能再活動崇人，而俯身葬的實施，也似乎顯示出先民怕鬼作祟的心態；此所以，文化逐漸進步，俯身葬的比例就逐漸減少，相對的仰面葬增加，隨葬品也增加，隨著原始宗教的進展，也賦予葬俗、葬式、葬法一些新的意義與解釋，而玉器隨葬，也在這種進展中，逐步成形，變成我國玉器文化的主流。

　　目前，依據馬家濱出土資料，取樣木片、蘆葦、木炭作碳十四的測定，上限約為六九四五加減一五五年，下限約為六〇七五加減一九五年，所以截至目前為止，大家比較認可的說法是：馬家濱文化在西元前五千年到四千年間，約延續了一千年左右，再逐漸往崧澤文化的形態過渡。

第二節◇崧澤文化

（圖六十六）本器爲一九七六年在上海市青浦縣的崧澤遺址墓葬中出土，此器形稱之爲「豆」，鏤空的三角形與圓形構成的圖案爲崧澤文化所持有，造型大方，另再以尖狀器飾以剔剌紋與三角鏤孔相對應，確爲藝術佳作；前述剔剌紋在我國工藝美術中，僅限於陶、瓷雕，而未爲玉、石雕所吸收，主因係陶雕時材質軟，方能作出此類紋飾。

　　長江三角洲是由長江挾帶泥沙沖積而成，但同樣的，也是長江水流的渲瀉口，在這樣的一個地理位置中，它的地區特點是：無高山（最高的山崗也不超過三百米），有不少的大小湖蕩。從馬家濱文化遺址出土大量的野鹿骨、野豬骨、獐骨，水生動物骨殼的狀況分析，這個區域不但土地肥沃，氣候宜人，包括自然水、野生禽獸……等的天然資源，也是很豐富的，在如此適於人類居住的自然環境中，先民們形成了馬家濱文化，在經過近千年的延續與發展，他的文化內涵更豐富了，並且有了新的進展，就形成了「崧澤文化」。所以崧澤文化並不只是單純的繼承與因襲，它雖然脫胎於馬家濱文化，但是，卻以新的特點與面貌，在長江三角洲及附近地區繁衍著。

這支文化因為首先在上海附近青浦縣的崧澤遺址發掘，因而命名為「崧澤文化」。其實在大多數遺址中，他是疊壓在馬家濱文化之上，而良渚文化卻又疊壓在他的上面，例如：浙江吳縣草鞋山中層，吳興縣遺址中層……等；但也偶有單獨存在的，例如：吳縣張陵山下層（上層則為良渚文化層），這或許是港汊或湖蕩消失，先民作短距離的遷移，所造成的現象。目前發掘出來的各地遺址，均以墓葬為主，較大規模而完整的住居遺址，還沒有發現，但在已可確定為崧澤文化的兩百多個墓葬中，我們可以把他的特徵，歸納成下列各點：

　　一、在墓葬習俗中，已由馬家濱文化的俯身葬，逐漸改變成仰身直肢葬，但是愈早期，俯身葬的比例愈大；一般都還不見葬具，只有極少數墓中有草編織物或木板葬具，而且在埋葬方式上，大多不挖墓穴，而採用平地掩埋的方式，亡者雙臂平伸或兩手平放在下腹部；而在墓向上（墓主頭向），早期為北偏西，後則逐漸偏向東北方向，再改向東南，到晚期則多為正南；所以，崧澤文化墓葬方向的改變，是由西北到正南，呈順時鐘方向作轉變，在新石器時代各文化區中，墓主頭向作有規律的逐漸改變是少見的，這種改變，與俯身葬變化成仰身直肢葬的行為，促成的原因，到現在還沒有找到答案；但是採用不挖墓穴的掩埋法，則可能是受地質的影響，因為這個區域水源豐富，地下水充足，略挖墓穴，就可能有地下水湧出，當時先民或許已知，

（圖六十七）崧澤文化的墓葬習俗已形成，如本圖之器，即出土於南京市北陰陽營遺址墓葬，此類器形稱「盉」，為灰色陶，全器作成類似奔跑的小雞，但下底部卻有三足，造型作成魚鰭形（亦有稱為鴨嘴形），明顯是承襲馬家濱文化而來。

潮溼對死者的身體，是有害的（易腐爛），這和我們現在墓葬中所重視的風水之說，「好穴必然無水無砂，且乾燥不潮溼。」的認識，是相近的。

二、崧澤文化隨葬品隨著時間進展而有增加，早期仍承襲馬家濱文化的隨葬習俗（如圖六十七），隨葬品僅有一兩件或沒有，逐漸增加到三、五件，到了中期，每墓平均約有七件隨葬品，而且在隨葬品的分析上，發現陶器似已有固定的組合方式，依崧澤遺址中、後期，有隨葬品的八十三座墓葬為例，有陶鼎、陶豆、陶罐組合的，有三十二座，而有陶鼎、陶豆、陶罐，又加上陶壺的有十五座，這顯示出這一支文化，從早期只模糊的認為：人的靈魂不死，可能崇人的簡單信仰，逐漸發展出一種有地區一致性的宗教，這種宗教內涵，我們雖不瞭解，但發展到良渚文化，從出土的獸面紋玉鉞、玉琮、玉片等觀察，當時的原始宗教已經相當發達，筆者一直認為，世界上任何一種文明，決不可能突然興盛起來，必然有一段萌芽期與醞釀期，良渚文化中原始宗教如此興盛，崧澤文化必然是他的醞釀期，如果我們要解開良渚文化獸面紋飾（有的稱為神徽）之謎，也許要從崧澤文化中找資料呢！

三、從崧澤文化遺址所出土的陶器資料來看，這一時期的陶器豐富多彩，階段性特徵明顯，大體言，陶器為手製，胎壁厚薄均勻，以夾砂紅褐陶為主（摻和料有草屑、稻殼或少量的蛤蚧殼末），此外也有少部份的泥質紅陶、泥質灰陶，及細泥黑陶；製成器則包括炊器、貯水器、食器等各類，表面紋飾上，近八成都是素面，但也有附加堆紋、弦紋、瓦楞紋、壓劃紋……等，也有在器肩或器底，刻劃有動植物的形象或符號，其中偶有一些頗具巧思的精品，例如：在上海青浦縣寺前村遺址出土的「黑衣灰陶鏤孔雙層罐」，這件陶罐有兩層，內層作成一盛器，外層則作鏤空裝飾，器口與圈足作成花瓣狀，是我國最早的一件陶製透雕藝術品，也是崧澤文化藝術境界的代表。（如圖六十八）

四、與馬家濱文化相比，崧澤文化墓葬中骨製品的隨葬品很少，在地屬中碎骨的比例也少了很多，這表示鋤耕農業已經是主要的生產方式，相對的狩獵採集的活動減少了。

五、崧澤文化石器種類仍不多，但數量比馬家濱文化有增加，並且從製作技術上，可以看出由早期的厚重走向薄而規正，大體上可分為斧、碎、鑿等，經檢視這些石器，大約是先經打製成胚，再精磨成

（圖六十八）本器即為「黑衣灰陶鏤空雙層罐」，為我國目前所知最早的一件陶製鏤雕器，也開啓了爾後這一支文化玉器鏤空雕的先河（因為陶鏤空雕較易製作，材質也較低賤）。此器部份圖案與河姆渡文化的豬紋鉢上紋飾相似，證明崧澤文化有承襲一部份河姆渡文化的可能，另此器的同心圓紋飾，則經常在良渚文化的玉雕中出現。

形，但在形制演變上，則有一些值得我們注意的地方，例如，崧澤文化出土有大孔近圓形的石斧，這與良渚文化出現璧形有沒有關係？又如草鞋山遺址出土的束腰型石斧，是不是後期束腰型玉鉞的起源呢？筆者認為，總是有一些關係的。

　　六、崧澤文化墓葬中所出土的裝飾品，有環、鐲、璜、墜等類，材質介於玉、石之間，選材並不是十分嚴謹精美，其中以璜的數量較多，也較具這支文化的代表性，器形彎曲，都在兩端各鑽一孔，且出土時，多發現在墓主的頸部或胸前，可以確定是佩飾；在玉璜的形制上，有環條形與類似拱橋形二類，早期斷面呈長條形，後則外邊漸趨尖銳。

　　前曾有學者認為，我國璜的形制，最早起源於河姆渡文化，這是不對的，因為河姆渡文化所出土的兩件所謂璜，雖呈彎曲，但只有一邊鑽孔，故明顯不是璜的形式，且此二器邊端，略顯折斷痕，依尺寸

分析，其中小件，可能是玦形器折斷後改爲佩飾（因爲河姆渡文化墓葬出土石玦已是事實）；另一大件也合乎鐲的一部份而斷痕更明顯，所以筆者認爲，璜的起源還是在馬家濱、崧澤文化這一支。

從前述各點我們可以知道，崧澤文化區是相當富裕的，從石犁的一再出土，也可以知道，農業生產力已逐漸提高，而稻殼的夾入陶泥，也顯示農業進步的情形。尤其值得我們重視的是，在前文中所提到的墓葬品增加，似有組合，所推論出來原始宗教的萌芽與發展，這對玉器文化的形成，有其極重要的意義，因爲，早期石器工具的隨葬，玉石飾物的隨葬，我們還可以認爲，這與世界其他古文化形成過程相近，也就是人類對死亡自然反映的一種認知——人死了，靈魂還有去處，人生也還沒有結束——，所以把死者的日常用品、石器工具予以隨葬，但是，隨著新石器時代的結束，青銅器時代的來臨，石器逐漸退出實用工具的領域，漸漸在墓葬中看不到了，可是在我國，玉器卻繼續出現；因爲，在某一個史前階段，我們先民把玉器賦予了斂屍等不可替代的意義，這個關鍵，不但延續了我國近萬年的玉器文化，也使我國的文化內涵，與世界其他古文明產生了漸行漸遠的差別。而這

（圖六十九）本器即爲「心形玉唅」，其實與心形無關，出土於上海市青浦縣崧澤遺址墓葬，墓主骨架的口中，爲迄今所知，我國最早的一件玉器，爲何作成此形，目前不知，爲我國以玉器斂葬之起始，也使我國玉器文化得以延續，爲極具歷史意義的一件玉器，現藏於上海博物館。

個關鍵的發展，我們在崧澤文化中找到了一點痕跡：

這件在上海市清浦縣崧澤文化遺址中層墓葬中出土的玉器，爲扁平形，一端寬圓，一端收作尖形，中有一圓孔，最長四・二公分，有人稱作雞心形，實不相似，此器作深綠色，修飾完整，未有嚴重沁浸與質變現象，最奇特的是，此器發現時，是在墓主骨架的口中，似作爲玉唅用，現藏於上海博物館（如圖六十九）；目視檢驗，此器材質約爲陽起石質的透閃石，全器均完整，極易損傷的器尖，未有撞痕或磨傷，故而我們可以得到一些結論：

第一，此器材質艮好，非一般石器可比，在當時必爲珍稀之物。

第二，此器未有佩帶痕跡，依器形，也不像作佩飾用，依出土狀況觀察，顯係爲特定用途所製作；也就是說，在崧澤文化時期，已經開始製作玉器，專供唅用。

第三，此器既非裝飾品，材質又如此精美，若製作僅爲置於墓主口中作唅用，必然有既定的信仰目的，也就是說：在崧澤時期已經開始相信玉石、美石可籍屍，使屍身不朽。

所以，筆者認爲在崧澤時期，因爲原始宗教的變化，已經相信（迷信），玉器可以讓屍身不朽；也因爲如此，使在世界上僅能列爲次寶石的玉材（包括軟玉），在我國文化中延續下來。

除前述器形外，在同時出土的崧澤遺址墓葬中，也發現圓餅形與環璧形玉唅，都明顯置於墓主口中，這也說明前述玉唅的推測是有依據的，只是作爲唅的形制，還未劃一而已。另崧澤文化墓葬中也有相當數量的玉玦出土。（如圖七十）

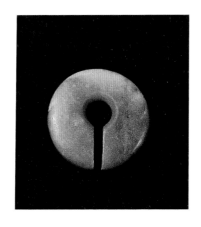

（圖七十）本器出土於南京市北陰陽營墓葬，器形斷面作橢圓形，材質似透閃石，中孔爲兩面對穿，爲此一時期玉玦的特徵。據出土記載，一墓中還有發現數量不少的瑪瑙玦。筆者認爲瑪瑙硬度高，又不見大型器，恐係先民撿拾長江中游沖下之瑪瑙原礦（即雨花石）就形雕成。

依據馬家濱文化晚期的碳十四測定，六〇七五加減一九五年作爲崧澤文化的起點，而良渚文化層中比較早的測定數據，大約在五三〇〇加減一三五年及五二八五加減一三〇年（測自浙江吳興錢山漾遺址第四層），約可作爲崧澤文化的結束；所以，依目前資料顯示，距今約六千年左右，長江三角洲及附近地區的先民們，承襲馬家濱文化的餘緒，在繼續繁榮、發展、進步中，豐富了文化的內涵，演變出新的文化特色，形成了「崧澤文化」。一直到距今五千三百年左右，約持續了七百年，又逐漸過渡到「良渚文化」。

第三節 ◇ 良渚文化

在早期，盛傳浙江良渚一帶常出土古玉，一般人多以漢玉視之，這種斷代觀念，在幾十年前，大家都認爲是對的，因爲有關歷史資料記載，這一個區域的開發完成，總在戰國時期，也就是吳越春秋的階段（吳王夫差、越王勾踐相攻伐的時期）。這種長期錯誤的認識，不但使我們對許多出土古物，作了偏頗、錯誤的斷代，也對許多史前文化的承襲、銜接，作成本末倒置的結論，就以良渚文化來說，因爲他地區的特色及原始信仰的演進，對我國玉器文化的形成，有極大的貢獻，但是千百年來，我們卻一直認爲：中原文化的發達燦爛，才啓迪了這一個地區。

良渚文化的一些特色在崧澤文化晚期，就已經開始出現，例如：陶器中的陶質與陶色，在崧澤時期以夾砂紅陶、灰陶爲主，晚期則逐

（圖七十一）本黑陶壺，爲典型良渚文化陶色，黑色陶衣濃黑並有光澤，器身上以陰線細刻曲折紋與變體的鳥形紋，手把上也作出細膩的平行陰線紋；基於文化藝術共通的特性，良渚玉器中的陰線雕，爲該時期玉雕特點，也就不足爲奇了。

漸出現了少量黑陶，但是到了良渚文化，泥質黑陶就成了陶器的主流，這些逐漸的演變，仍然是有脈絡可尋，所以我們可以說：良渚文化是崧澤文化更高的一個發展階段。（如圖七十一）

我們綜合良渚文化遺址的出土資料，可以發現下列各類現象：

一、大量出土石犁，這證明：已經很普通的栽種水稻爲農作物。並且養蠶繰絲也很發達。

二、墓葬中有大墓、小墓之分，顯示社會上已有貧、富差距及階級樊籬。

三、從墓葬排列及土築高台墓葬的出土狀況，顯示在社會上，已經有政治組織的形成，體制如何，還難瞭解，但從玉器隨葬品的分配來看，可能是以政教（巫教）合一的方式，建立了統治體制。

四、墓葬特徵爲平地掩埋，以仰身直肢葬爲主，一般隨葬品不多，但石器、陶器、玉器都有，玉器多作爲飾品（材質較差）；但在一些個別墓葬中，玉非以飾品（首飾）出現，而以大型的璧、琮等器，大量殉葬（這類器形中琮形器的材質均爲上品），似乎賦予這些形制的玉器，有特殊的宗教意義，並在個別墓中有人殉的現象。

良渚文化墓葬中出土的一些玉器，不論紋飾、形式、花紋、刻工等，都使我們對我國史前玉器文化的認知，產生了革命性的觀念改變，而這些觀念，卻是建立了數千年之久，相當根深蒂固的；例如：我們對玉琮型制的來源，自古就引用周禮注：「琮之言宗也，八方之所宗，外八方，象地之形；中虛圓，以應無窮，象地之德；故以祭地。」；周禮、春宜、大宗伯：「以玉作六器，以禮天地四方，以黃琮禮地……」或周禮、考工記：「璧琮八寸，諸侯以享天子。」；所以，早期把琮當作禮儀之器或祭地的禮器，是應該不會有疑問的，可是在良渚文化中有幾個墓葬，一墓出土玉琮多達幾十件，不但不像祭地的禮器，而且年代也提早了上千年。所以，良渚文化玉器的出土，把我們承襲吳大徵古玉圖考所研究出來的許多形制心得，都推翻了，目前，雖還有一些守舊的學者，仍强依儒家的一些僞書來解釋，但是事實已經擺在面前，是不容我們改變的；筆者認爲：若想解開良渚文化玉器形制之謎，就必需完全把舊的傳統觀念揚棄掉，而就文化發展過程的變化來思考，再件隨其他文物、墓葬，來作研究，是比較容易有進展的。

我們首先把良渚文化出土玉器的共同特點作一說明：

第一，這些玉器的材質，大多數是透閃石——陽起石系列（即十

九世紀法國礦物學家阿勒克斯・達密爾所稱的真玉或軟玉），包括有乳白色透閃石，紅色透閃石，深綠色透閃石，淡綠色透閃石，含鐵份較高的陽起石……等類，有一部份含有赤鐵礦摻雜，或相互共生的現象。但是，也有少部份的材質是大理石、瑪瑙、蛇紋石……等美石類。

第二、玉琮、玉璧等非首飾、佩飾的大型玉器，常在個別墓葬中出土，這些大器，常一墓多件，其中玉琮多有紋飾，玉璧無紋。

第三、依據出土資料，玉璧多置於墓主胸、腹部，或數塊墊在墓主背下，明顯有利用玉璧來歛屍的用意，但也有將成疊玉璧放置於墓主的腿旁，似乎作財富的象徵；但看不出古史載「蒼璧禮天」的跡象。

第四、用已出土玉器來歸納，他的紋飾具有統一性，以一獸面紋（有稱神徽者）為主體，但也有摻與鳥紋組合，這些紋飾所代表的意義，雖有不少學者為文探討，但眾說紛紜，還沒有定論，甚至連這類紋飾的定名，也產生分歧現象；惟依筆者之見，在沒有確定證據前，還是稱「獸面紋」較合適。（如圖七十二）

（圖七十二）良渚獸面紋飾，造型瑰麗、奇特，圖案緊湊、美觀，顯示良渚先民的藝術修養已經很高了；可惜到如今，我們對他所顯示的意義還不瞭解，甚至連名稱是「神面」「獸面」「神徽」「族徽」都有爭議，筆者認為要解開這個謎，單靠文物解讀是沒有用的，還需要瞭解墓葬儀式與原始宗教的涵義才是關鍵！

第五、良渚文化除一般墓葬外，有個別「挖土築成土台，再在其上置墓」，而這些土築高台的墓葬羣中，出土璧、琮之類大型玉器的比例特高。

　　第六、出土玉琮都飾有獸面紋飾，並均用方柱形的直角切面作面紋的中線，這種設計，構思巧妙，製作精美，並有一節到多節之分，可能是與宗教信仰有關的特殊用具。

　　第七、在製作不甚工整的玉璧中，有多件，其上留有弧形砣痕，顯示良渚文化已經使用旋轉的圓盤狀工具（即沿用至今的製玉工具——砣），來將玉材開片，但是當時還沒有銅器、鐵器，故而研判，可能是用硬度高而又具有韌性的石材作砣，再沾用解玉砂來製玉。此外，部份構成神面紋的陰線、圓圈，製作完美、精細、工整，也顯示沒有適當的工具配合，純手工是難以作成的，這也證明，我國在良渚時代（新石器時代後期），大多數的琢玉工具都已經發展出來了，包括管鑽、桯鑽、砣具等，並且在一批技術熟練高超的工匠手上，才能製作出如此精美的玉器。

　　第八、良渚玉器還有一個特點是：在材質上雖有美石、岫岩、軟玉之類，但並不是件件精美，但是，可以看出一個現象，就是作工精美，琢刻細緻的，材質就比較好，顯示玉工的相玉選材，已經有相當高的水準。

　　第九、從玉器出土墓葬的現象分析，部份玉器在入土後，有火燒墓壙再行覆土的情形，此類玉器，分子中結晶水因受熱而被破壞，出土多呈雞骨白現象。並且，也給我們喪葬習俗中的「火燒葬玉」找到了源起。

　　除了前述約為良渚玉器的共同性外，個別玉器也有一些特點，我們把他區分為：

　　一、形制、用途都能確定者。
　　二、形制已知，用途不確定者。
　　三、形制、用途都不清楚。
　　三類略作說明：

第一類　形制、用途都能確定者

　　一、玉蛙珮（如七十三圖）：此器長四‧二公分，寬三‧二公分，是於一九七七年在江蘇省吳縣張陵山墓葬出土，依出土地層分析，應屬良渚文化早期玉雕，材質是陽起石，略現黃色，一邊有紅色沁浸

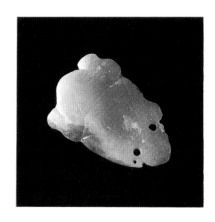

（圖七十三）本器當為蛙形無疑，造型活潑可愛；數年前大陸有學者提出古玉不沁的理論，這是不對的，因為玉能生成玉皮，就能形成沁色，但因為玉材穩定性強，必須在地熱、地壓，有特殊材質的環境中才能形成沁色；本器左下方蛙的腹部非玉皮，非雜色，當為沁色，因為器表其他一些小地方，也有輕微入沁的現象。

，上部以陰線表示出蛙的頭、足，並以管鑽鑽出蛙的雙眼，但右眼之右前方，另鑽出一小孔，當為穿繫懸佩之用，（有部份人士以倒視觀察，認為是蟬，但依鑽孔佩掛方向來看，此器當為蛙），全器底部平滑，面部略凸，已略現圓雕動物的形式，是目前良渚文化中，惟一出土的一件動物形玉雕。

　　筆者認為，蛙類是水耕農業社會中相當普遍的動物，嗜食昆蟲，有益農田、莊稼，為農人所喜；而在史前社會，沒有其他方法抑制農田蟲害時，只有靠自然界的動物來消滅了，這類動物必然被賦予某些愛惜、崇敬的用意；正如迄今，我國仍有一些農業地區，不食蛙肉，多少也是在迷信與感恩的心情下，所流傳出來的習俗。所以，從這件玉蛙的出土，除了顯示出良渚文化時代，已經是一個農業相當普及的社會，而玉蛙在當時應是一種祥瑞的佩飾。另此器也是我國最早的一件蛙形玉雕。

　　二、玉獸面紋鐲（如七十四圖）：此器高三‧四公分，孔徑八‧二公分，由近乳白色陽起石琢成，邊緣有類似浸沁的棕黃色斑塊，這種現象，筆者並不以沁色視之，而認為是陽起石長期入土，受地熱地壓作用，使內部鐵質受氧化分解而形成的一種質變斑。此器出土於江

（圖七十四）早期玉器界遇到這類獸面器形，通常以「蚩尤環」稱之；但後期僞作者，以千奇百怪的形象作紋飾，甚至出現佛教神面，既不知源起，亦不知所以，當然無法難倒行家；有關良渚紋飾，以雙眼的刀工分辨眞僞，較爲可靠。

蘇吳縣張陵山遺址，文化層與崧澤文化極接近，當爲良渚文化早期之玉雕（另崧澤文化鐲形飾，多作圓筒形，也正可證明），比較特殊的是，此鐲外部用剔地雕法，突起四個對稱的長方形塊，並就長方形作獸面，以陰線作出獸面紋，包括雙圈眼、粗眉、大嘴、並張口露出對稱的獠牙，從這件作品中，我們可以看到良渚獸面紋初期的雛形，例如：雙圈目被繼續承襲使用，粗彎的眉毛，被美化成橢圓眼角，闊口獠牙也逐漸被美化變小，比照後期玉雕，可以看到從猙獰朝向舒和的性格改變，這對我們研究長江三角洲一帶原始宗教及圖騰的演變過程，一定有些俾益，但是因爲目前出土資料太少，又沒有信史記錄，所以還沒有答案；不過筆者認爲，良渚獸面紋可能是一個綜合體，將來解開這個謎底的關鍵，當在於這個紋飾的雙眼，因爲不論大型器到小佩飾，只要有這類紋飾，雙眼必定是用管鑽鑽出的滾圓形爲代表，依良渚玉器製作精良的技術，大可以用陰線作各種修飾，或其他表達方法，爲什麼千篇一律的都用管鑽成圓形呢？除非他是某種動物的固定特徵，是因爲良渚文化地處濱海，採用魚眼的形狀？或是良渚文化地處潮溼，選用某種沒有眼瞼的爬蟲類呢？筆者認爲早晚會有答案的！

三、玉獸面紋瑯（如圖七十五）：本件玉雕不大，高僅六‧八公分，孔徑〇‧六公分，於一九八四年出土於上海市靑浦縣福泉山遺址的墓葬中，爲一長方體，中有由上向下直穿的孔，上大下略小，以方

（圖七十五）本器雖小，但仍作長形，但不同良渚文化長形玉琮，面紋僅簡化，不拉長；而此器二獸面紋，為就器形，已作變形處理，使面部拉長，故筆者無法同意，原資料稱為「琮」，應為我國出土最早的一件有紋飾「玉勒」。

形的邊角為中心，兩側雕以眼、額、口、鼻組成的獸面紋，為典型良渚玉器的圖案。在六十年代以前，研究玉琮的專家（包括乾隆帝），都把玉琮以上小下大的方式置放，既看不出用途，也看不出紋飾，有人稱為「杠頭」，有人稱為「轎杠飾」，後來良渚玉器出土多了，大家才知道，玉琮應該上大下小的置放才對，因為如此，才能看出獸面紋飾，本器雖小，仍製成上大下小的型式，正顯示良渚文化長形的玉琮，上大下小是標準的置放形式。本器製作精美，為我國目前出土最早的一件方形玉勒（原出土資料記為玉獸面紋琮形墜），但本器在獸面紋分配上，明顯拉長，與琮（不論單節、多節）的紋飾分配不同，當為針對本件玉器所作設計，而且此器與其他有孔可穿繫的墜飾形制不相侔，當以「獸面紋勒」稱之較合適。玉勒為我國玉雕所特有的形制，起源於骨製筒形飾，在良渚文化起源的馬家濱文化，出土各類骨器，其中就有以獸骨截、磨二頭，利用骨管中空作成佩飾，所以玉勒形制的形成，在這一支文化中，是有源起的。但是由圓形骨管走向方形管飾的原因，筆者認為是有意如此，以便於表現獸面紋飾。

　　四、玉頸飾（如圖七十六）：本件由七十一粒管、珠、墜串連而成，最下一墜呈鐘形，夾住鐘形墜兩邊的玉珠，製作特別精美，並飾

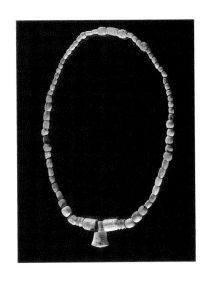

（圖七十六）頸飾、珠串爲史前裝飾品的共同形式，在世界各地史前文化中，幾乎都有出現，約爲更早期配帶骨段串飾演變而成；而且這類不甚起眼的小型飾件，卻常成爲我們觀察各史前文化進步的指標，因爲先民掌握鑽孔技術的高低、材質的硬度，都可以告訴我們一些手工藝的訊息。

有簡化的獸面紋；我國各地新石器時代遺址及部份舊石器時代中、晚期遺址，多有珠串形的頸飾出土，但在珠面上有刻紋飾者，迄今爲止，這是第一件，在七十一粒珠串中有綠松石五顆，其餘均爲淺湖綠色陽起石，如此串連，當可使串飾更美觀（但出土時是散落一處），綠松石也爲我國使用極早的傳統美石，在甘肅齊家文化墓葬中，曾出土一整串綠松石磨成珠形的串飾，共二十餘粒，他的出現多寡，與產地有關，而無涉於文化因素，且我國歷代歷朝都有使用綠松石與玉器搭配，或作鑲嵌材質的例子。本器下端的鐘形玉墜，在早期玉雕中極爲罕見，筆者認爲，這種形制起源於束腰形斧，予以改良而成。（良渚文化出土有獸面紋的玉斧，二者的形制是相通的）

第二類　形制能確定而用途不明者

一、玉璧（如圖七十七）：本器是一九八二年於江蘇省武進縣寺墩墓葬出土，確爲良渚文化遺存，玉料石質較重，呈青灰色，有雲母片雜質，但打磨工整，中心有一個兩面對鑽的圓孔，全器直徑達二十六‧七公分，厚約一公分，爲我國目前所知，年代最早的一塊玉璧，在良渚文化出土玉璧之前，我們對玉璧的瞭解，大部份是古籍所載：「肉倍好謂之璧。」、「以蒼璧禮天。」（爲六器之首），「……子執穀璧，男執蒲璧。」（爲六瑞之二），「大器不琢」（爲禮器），

（圖七十七）良渚文化玉璧出土，改變了我們已往對玉璧的定義，他的籍屍、財富意義，很明顯，但是不見「禮天」的現象，可是到了三代，則有作爲禮器的可能，這其中的轉折，是否還有一段環節沒有出土，值得我們研究；但是，良渚文化與後期三代玉璧有一個最大的不同，就是在比例上，良渚文化玉璧「好」（洞孔）部份均偏小。

（圖七十八）本器爲台北故宮博物院所藏玉璧，直徑爲三十六・三公分，孔徑六・四公分，厚一・二到〇・八公分，從材質分析，此器石質頗重，孔徑較小，應爲良渚時代玉璧，良渚文化所出土玉璧，一般言，材質均較玉琮爲差，且製作亦不甚工整，但此器卻爲難得的大件玉雕。

這些林林總總的說法，在良渚文化玉璧出土後，似乎都被推翻了，因為從墓葬出土記錄來看，一些製作比較工整的玉璧，置放在墓主的背下墊著，或放於墓主的胸或腹部，學者研究，是有歛屍（保護屍體）的用意；但也有一些製作不甚工整的玉璧，成疊的置放於墓主小腿外側，據研究，這類玉璧可能是當作財富的象徵，但是玉璧爲何作成這種形狀，來歛屍或代表財富？和我們以往所知的「璧圓象天」，到底還有沒有關連，是一個很有趣的研究課題。（如圖七十八）

（圖七十九）清乾隆帝稱玉琮爲杠頭，又說內府多到不可曲指數。可見良渚玉琮的數量是很多的，而且器形都有一定的規範與紋飾，乾隆不但看不出來，而且倒放，並且在紋飾中間刻詩、刻字；這種狀況一直延續到十多年前，世界各地博物館才發現器形都放倒了，這不能不說是我國玉器史上的一段美談。本圖玉琮爲台北故宮博物院所藏，雖沒有出土記錄，綜觀全器風格，當可確定爲良渚玉器，本件上方四孔爲後鑽，與原沁有明顯差別，可作我們鑑玉的參考。

　　二、玉琮：筆者在前文中，曾提到古史對玉琮的定義：「言八方之所宗也」，所以，把他列爲形制能確定之類，其實這種四、五千年前的古玉器，在我國文化中，一直是妾身未明的，在很長一段時期，被認爲是「玉杠頭」，是用於車轎槓的裝飾，清高宗乾隆帝，曾把這些造型奇特的玉器，配上銅膽，加上木底座，作爲花插，偶而還命宮內造辦處玉工刻上幾句詩文（如圖七十九）；依據乾隆御製詩第七十八卷「詠古玉杠頭瓶序中道」：「呼此瓶爲杠頭者，不知起於何時，內府最多，不可曲指數……」，以乾隆識玉之精，居然對這種器形毫不

重視，甚至有些輕視，實在令人匪夷所思；一直到清末吳大澂作古玉圖考（距今僅約百年），才把這種器形的玉器，正名爲「琮」。並依據古籍「……黃琮禮地……」，認爲是六器之一，爲祭祀的禮器，但是因爲出土的玉琮，有一節、二節、三節以至十多節不等，所以解釋爲：禮地時本是一節節疊在一起，後才刻成多節，以爲便利，因爲言之成理，而成爲我們對玉琮認識的概念；尤其奇怪的是，在玉琮上面的紋飾，都以「出牙」視之，稱爲是周禮所記的「駔」，因爲「駔外有捷盧也」、「捷盧者，如若鋸牙然」，對器形也錯誤的以上小下大的方式置放，所以，有關玉琮上的獸面紋圖飾，就如此繼續湮沒在專家的眼裡，直到近十多年，良渚文化墓葬陸續出土，這個史前文化的面貌逐漸被掀開，玉琮上面的獸面紋才被發現，但是它的含義，與琮的確實用途，至今仍是一個謎。茲以比較具有代表性的玉琮作一說明：

（圖八十）這類多節的長形玉琮，出土時均爲一墓多件，並圍繞在墓主骨架四周，可能有籍屍與宗教儀式的意義，但詳細內容我們目前並不知道；據所知，同類器形中最長的一件，長達五十公分，現存於大英博物館。

（一）（如圖八十）：本器高二十九‧五公分，共刻有十三節紋飾，上大下小，外作方柱形，內有一個由兩邊對穿的圓孔，是於一九八二年在江蘇省武進縣寺墩墓葬出土，本器出土時，與同類的玉琮幾十件

，橫放圍繞於墓主骨架四周，似乎有宗教儀式意義，但為何如此置放，雖有不同的推測，但都缺乏有力的證據支持。這類玉琮，世界各大博物館多有收藏（多係清末民初流落海外），早期均斷代為西周禮器，近幾年已修正為新石器時代玉器，他的特徵為：

(1)以直角為獸面紋飾的中線，這在世界各史前文化的藝術品造型中，是極特殊的。

(2)兩頭有射（上、下兩端的突起），中心貫穿，外方內圓，一端略大，一端略小。

(3)選材甚佳，雕工精美，許多陰紋鑽孔，都可看出製作的謹慎費心。

(4)每一節以四角作成簡化獸面紋，雖稱簡化，但仍有一定的簡化規律可循，似不是玉工單獨所能決定，但節數多少則不限。

（圖八十一）本器為良渚文化玉琮形成的一個證據；紋飾中除獸面紋外，並加琢鳥形紋，為何作如此配合，猜測頗多，但均未有具體證據支持；有人自鳥身紋飾猜測，筆者認為這類紋飾，應為地區文化特色，過於重視，可能對全器的解讀產生偏差；因為這種紋飾，在早於良渚文化近兩千年的河姆渡文化所出土的豬紋鉢上已經出現了。（見河姆渡文化）

　　(二)玉鳥獸面紋琮（如圖八十一）：本器是一九八二年在上海市青浦縣福泉山遺址出土，材質為淺綠色透閃石，玉質精美，雖沁浸不嚴重，但仍略有質變現象，從出土地層來看，是屬於良渚文化早期製作，與前文介紹的「玉獸面紋鐲」，及良渚中、後期的琮形器相較，似

可以看出玉琮器形的演變形成過程：

　　馬家濱文化玉鐲→崧澤文化鐲形飾→良渚早期張陵山出土玉獸面

紋鐲→福泉山出土圓角鳥獸面紋琮→方形琮（琮的器形確定）

　　這個演變形成的過程，雖是只用出土資料臆測，但筆者認爲是合
理的。而本器就是在過渡中的一個證據，全器高約五公分，孔徑六‧
七到六‧九公分，雖器壁厚薄不一，但是還沒有完全脫離鐲的型態，
所以，外形還是呈略有弧度的四角形；但是以圓角爲中心的獸面紋，
可看出上下重疊，並在下層獸面頰上以陰線雕有鳥形飾，這種組合的
圖案，散見良渚文化其他用途不詳的玉器中，這是圖騰的代表？生命
蛻變的表現？亦或是人獸（人神）合一的象徵？目前還沒有確定的答
案！

（圖八十二）本器雕琢精美，公認爲良　　起浮雕也平和自然，似乎已不見刀匠火
渚玉琮獸面紋中最優者，刻工精細，構　　氣，眞不知良渚文化先民，以何種工具
圖嚴謹，少數陰紋，幾細至不能見，凸　　，何種技巧，作成此器。

　　㈢玉獸面紋琮（如圖八十二）：本器高七‧二公分，上邊寬八‧
五公分，下邊寬八‧三公分，孔徑六‧八至六‧七公分，是一九八二
年在江蘇省武進縣寺墩墓葬出土，與前圖相較，可知當爲良渚文化早
期作品，但是在形制上，已經產生了上大下小的形式，筆者認爲，這
決不是玉工不經意而造成的，因爲，良渚文化研究專家都認爲：本器

是良渚文化出土玉琮中最精美的一件，決不可能在器形上作不出正方形，他的下端較小，必定有一層含義，是原始宗教滲入了新的概念？還是在與其他材質配合上，必需作成此形？目前還沒有人能解答！據知，本器是透閃石雕成，全器沁浸嚴重，在上緣有黑色塊斑，早期古玉專家常稱此種狀況爲「水銀沁」，又俗稱「黑漆古」，其實並不只有外界的重金屬浸入，才會形成這種品相，也有玉器在原材質上，就有黑玉與白玉共生的情形，但二者是可以分辨的，因爲兩色玉共生的界限略較分明，而黑色沁則呈不規則的滲透狀況，但這也只是一個原則的說法，因爲鑒玉本身就是經驗與綜合性知識交融後的判斷，而僞玉自古即多，並不能只靠一兩句口訣就能勝任的。

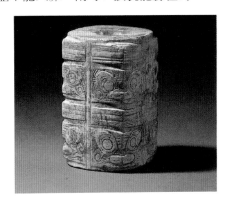

（圖八十三）本器沁浸狀況，當爲入土時經火燒所造成現象，筆者認爲良渚文化的獸面紋，在簡化或一般形狀琢刻上，都有一定的規制，似不得由玉工任意變換；但是在紋飾上，雕作者似乎有比較大的表現空間；此器獸面紋組合未變，但在細部加飾勾捲紋，可作證明，此種慢工細雕的方式，除需有縝密的構圖規劃外，一刀偏差即破壞全部畫面，即以今日而論，也僅有數十年經驗的老師傅，方能勝任這種玉雕。

　　四、玉獸面紋琮（如圖八十三）：本器高五·一公分，邊寬三·二公分，上孔徑一·三公分，下孔徑一·二公分，於一九七三年在江蘇省吳縣草鞋山遺址第二文化層出土，本器作方筒形，中心是一個由上而下穿透的圓孔，每面由中央從上到下垂直刻出凹槽，再在器中間，橫刻陰線弦紋作界線，分成上、下兩節，並以邊角爲中線作成四組（每組兩個不同的獸面）獸面紋，並在其上飾以鈎卷紋飾，全器製作

精美，刀工細膩，爲良渚紋飾中的代表。本器呈乳白色，略有黃、黑斑；古玉出土變成此類現象，一般均以「雞骨白」稱之。流傳已久的說法是：玉器入土後，在石灰過多的環境中，逐漸被搜空而形成的現象。這個理論似乎不正確，可是「雞骨白」的古玉沁色確是存在，依筆者鑑玉的經驗，形成類似情形，大約有下列各種狀況：

1. 選材上即使用細緻的白石，入土後白石分解，似有土蝕狀，不明就裡的人常以玉被沁浸成雞骨白，以訛傳訛所致。台灣故宮博物院所藏的唐玄宗禪地祇玉册爲白石所製，即可證明。（如圖八十四）

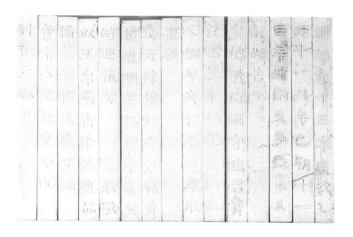

（圖八十四）本圖即爲台北故宮博物院所藏「唐玄宗禪地祇玉册」，據原持有人家屬稱，係民國十七年在山東省泰安縣蒿里山出土，證諸古籍，應爲眞品，這十五條玉册、材質都非眞玉，而是由白石（純白大理石）製成。

2. 古玉入土一段時間，在特殊地壓、地熱的環境中，分子中的結晶水被破壞，呈搜空、鈣化的質變現象，即古玉玩賞人士所稱的「雞骨白」沁。可是，似乎與石灰沒有直接關係（除非墓葬中的石灰受潮生熱）。

3. 火燒葬玉的情形：在良渚文化墓葬中，有個別墳墓確曾實施過「火燒葬玉」；依據江蘇省武進縣三號墓的出土記錄資料：「玉璧碎爲數塊的達廿一件之多，其中十三件有火燒痕跡，玉琮中裂爲兩截或兩段的有五件，共八件有火燒痕跡，從玉璧碎裂的痕跡來看，似大多皆與火燒有關，在穿孔玉斧中，也有三件因火燒而碎裂的痕跡。此外

，墓主的肢骨與隨葬物均有火燒痕跡。」從這一段敍述，可以確定良渚文化已有「火燒葬玉」的儀式，但並不是每個墓葬都如此；據瞭解，似乎是墓主下葬，玉器舖排陳列定位後，再施火，隨後土掩，這種特殊的葬式，表示墓主的身份特殊？還是死亡原因特殊？目前無人能知。

但是針對出土玉器的情形，大陸方面曾作了分析與實驗，他們是採用類似火燒葬玉狀況，用草鞋山出土的素面玉瑗作樣品分析，結果為：硬度低，僅摩氏三度，具滑感，偶現鐵質，在顯微鏡下觀察，結構細軟，呈土狀（類似高嶺土）。但刮取少量樣品在偏光鏡下觀察，結晶呈纖維毛氈狀結構，干涉色為一級灰，無色透明。經選用多種材質比對，在使用江蘇鎮江所生產的蛇紋石作樣品時，在偏光顯微鏡下觀察，未加熱原樣品呈綠色，葉片狀結晶，多色性明顯，沒有纖維結構，但加熱到攝氏一千度，則綠色產生褪色作用變成白色，而結構也由葉片狀轉變成纖維集晶狀。

所以，本件玉器，材質當為岫岩，呈硅化乳白色現象，應該是經火燒所造成的。

第三類　形制、用途都不明瞭者

（圖八十五）本器材質不佳，原出土資料稱為「蛇紋石」，當為可信，此類材質介於石、玉之間，硬度低，在本器中可見刀工鋒利之處，但線腳不整，鋸痕猶存。從崧澤、良渚文化中，我們看到我國工藝美術中鏤空雕刻的進展，先是陶器鏤空（見崧澤文化章），繼而石器，再使用於玉器之上，從材質的硬度比較，這種進展是合乎規律的。

一、玉鏤空尖狀器（如圖八十五）：本器長六公分，最寬一・二公分，是一九七七年在江蘇省吳縣張陵山遺址上層出土，屬良渚文化較後期的玉器，在中國美術全集"玉器篇"定名為「玉鏤空觹」，其中「觹」者，說文解字稱其為解結器，部首從角部，意指從角形演變而

來，用途則指，上古時代未有文字，以結繩記事，故常佩觿用以解結。後則發展成為佩飾，到戰國以至漢的階段，曾為極風行的佩玉形制，且多飾以各類龍、虎、螭、鳳……等紋，製作精美，為古玉形制中，極易為人所辨認的器形之一；但是，筆者仔細研究古玉形制的起源，卻發現一件很奇怪的事情，在整個新石器時代，我們看不到觿，在大汶口文化中曾有獐牙握器，但經研究分析，似與觿沒有什麼關係，所以，對觿這個形制，是否是早期先民佩獸牙為飾，演變而成衝牙，後世附會成解結器呢？還是上古確有結繩記事的階段（邏輯上似乎不可能），而觿也確為解結器！筆者實在存疑，所以在用途沒有確定以前，還是以「鏤空尖狀器」稱之為佳。本器全形似角，或獸獠牙，一端彎尖，一端平寬，體為扁平，中間雕有一孔，似可作佩飾用，其餘部份就器形作鏤空雕，在刀工程序上，我們可以看到先鑽透空孔，再鋸出、雕出圖案的痕跡，以刀工言，與良渚文化其他獸面紋相比，似嫌粗糙不整，但卻是我國迄今有明確出土資料的第一件鏤空玉雕，在古玉史上佔有重要的地位。筆者一直認為：玉器紋飾、器形的變化，決不是突然形成的，必然有影響他的遠因、近因，而以本件鏤空玉雕而言，在崧澤文化中，就曾已出現我國第一件鏤空陶罐，所以還是有源起的，而且也為筆者強調時代藝術的共通性，找到註腳。本器尤為特殊者是：將此器尖端向上俯視，似形成一個頭戴尖頂冠的側面人像，到底是無意巧合作成，還是確為有此造型，只有待更多的出土資料來比對了。

　　二、玉蝶形器（如圖八十六）：本器高四‧三公分，最寬七‧五公分，在上海市青浦縣福泉山遺址出土，材質為陽起石，作片狀體，上邊以兩凹缺，使器中凸出一脊，脊下作一橢圓形孔，在器形底部有一弧凸形的榫。在榫上鑽有三個平行的小圓孔，不知何用，也不知器名；這種整器似蝶形的玉器，在良渚墓葬中常有出土，有的素面，有的以陰線琢刻獸面紋；筆者曾言，如果乾隆帝稱玉琮，「此器內府最多，不可曲指數」，則此蝶形器的出土數目也更不少（只是二者比較而言，並不是真的很多），因為筆者鑑玉多年，就曾過此類器形五、六次，其中雖有殘缺（只剩半片）或改雕（下邊榫磨去），但依所餘部份仔細觀察，確係良渚遺物，只是當時見識不足，不敢遽下結論。綜觀本器，雖用途不明，但上橢圓孔甚大，而下榫三孔甚小，約可知：下榫必還嵌接他物，因重量增加，又需繫掛，方把上孔鑿大，形成古玉雕中十分罕見的橢圓形孔。

（圖八十六）本器用途尚不知，但造型
優美，似一展翅之蛺蝶，故一般均稱為
「蝶形器」，筆者曾見此類器形數次（

包括殘件），材質多為陽起石，開片工
整，但部份邊角琢刻，不似玉琮精細，
但可確定，應與蝶形無關。

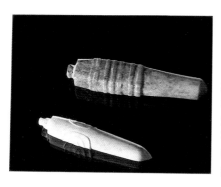

（圖八十七）本類器形在古玉中受誤解
最多，初時，一般人認為是九竅塞之一
的塞耳斂葬器，故收藏家多不願典藏，
後不知那一國外博物館公佈玉器圖片，
器後榫部有一穿孔，似可繫佩，大家即
認為，榫部有圓穿者方為真器，約為佩
掛用古玉器，致使真品反而乏人問津，
逼使古董商在後偽作一孔，再行出售，
不知浪費多少古器，言之可惜。其實真
溪此類器形，有的榫部有穿孔，有的則
無，以此鑑真辨偽是不對的。

　　三、玉柱形飾（如圖八十七）：這一類器形，在早期玉器介紹的
圖錄中，均稱為「瑱」（即誤認為春秋戰國時期九竅玉塞中，塞耳用
斂葬用玉），其實不然，綜觀本圖二器，一長六・三公分，一長五・
五公分，共同的特點為，一端圓尖，一端有圓形榫，都是一九八二年
到一九八四年在上海市青浦縣福泉山遺址墓葬中出土，兩器面上亦作
紋飾，筆者常談玉雕風格，此二器就是一個例子，其上紋飾雖簡化，
但是如果研究過良渚玉器一段時間，則很容易從這兩件紋飾上看出是
良渚玉雕的風格；此二器有榫，但榫上無孔，不可穿繩作佩飾，只能
作嵌器，可能是與宗教儀式有關法器的端首。

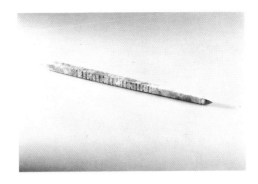

（圖八十八）本器製作極精美，尤其器首，收尖工整、圓滑，為難得藝術品，依筆者經驗，在鑒賞出土高玉古器時，先看傷斑，如若偽作，此處最易露出賊痕；若無傷，則看刀工，但若玉器有双口、尖端，則以手撫之，若極鋒利尖銳，必為偽作；因為玉器入土時不論多鋒利，但因材質關係，入土千年，歲月流過，在双口多少造成一些蝕去狀況，使鋒尖變鈍，而這種現象，偽作是無法作出來的，筆者每試必靈。但那種觸感，仍需多年經驗，方能培養出來。

　　四、玉方柱形尖狀器（如圖八十八）：本件器與前述玉蝶形器及兩件玉柱形飾，在同一地點墓葬出土；本器長達三十四公分，器表中間有六節，每節各有形式相同的簡化獸面紋四組，而器身卻只有一・五公分寬，顯示工匠設計之巧，刀工之利，稱其為新石器時代玉雕之傑作，亦當之無愧；器形一端方尖，一端作出圓形榫，與前圖八十七所介紹的兩件玉柱形飾，雖長短大小不同，但似作為同一種用途。筆者嘗言，高古玉器的器形鑒定，所面臨最難解開的謎題，就是「複合器具」，當時與竹、木、毛、皮複合成器具，但數千年後，竹、木、毛、皮已朽，只存留不朽的玉器，在沒有文字資料佐證，只有一件田野考古出土的啞吧資料，如何判斷？如何解釋？本器就是一個很好的例子。（另請參考圖八十九、九十）

（圖八十九）本器確爲複合器具，但目前不知用途（可能爲頭飾、帽飾），故只得以器形名之爲「三叉形器」，這種器形在良渚文化出土多件，爲該文化相當普及的器形，本器紋飾僅作線雕，但左、右兩叉上人面紋的佈置，只作半面，顯然仍保存玉琮獸面紋以角爲臉部中線的佈局方式，此即爲良渚文化玉雕較特殊的風格。

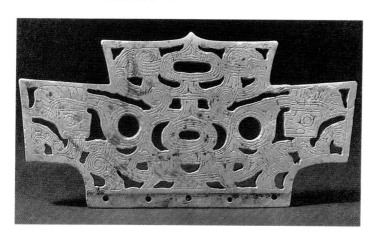

（圖九十）本器雖作鏤空雕，並上飾陰紋，但仍可看出中間是獸面，兩側則作半個人面紋的佈局，這類器形，筆者仍把他歸類爲「蝶形器」，如前圖八十六，本器下榫爲複合他器，上邊大橢圓形孔爲穿繩繫掛，從此類器上孔均作成較大的橢圓形分析，本器複合成全件，應有相當重量。

　　任何一位研究古玉有心得的人，在今天都不能否認，長江下游太湖地區及沿海一帶，這一支自行發展出來的新石器文化，自馬家濱文化、崧澤文化以至良渚文化，對我國玉器發展的鉅大貢獻。若周公製禮作樂，確有六器、六瑞，則其中形制的起源，大半來自這一支文化，但是這一支文化發展到良渚文化後期，正當玉雕技術達到顛峰的時候，就驟然而止，既不知去向，也不知原因，引起許多研究玉器的人好奇，關於這個問題，我們似乎可以從古史中找到一點線索，史記五帝本紀中曾記載：「蚩尤作亂，不用帝命，於是黃帝乃徵師諸侯，與蚩尤戰於琢鹿之野，遂禽殺蚩尤。」孔安國注曰：「九黎君，號蚩尤。」龍魚河圖云：「黃帝攝政，有蚩尤兄弟八十一人，並獸身人語……。」在黃帝時代，稱南方一帶居住的人為蠻族，其中九黎族最強，（所謂九黎，當指南方的九個部落聯盟，每個部落有九個族長），共同以蚩尤為首領，所以說蚩尤有兄第八十一人；考古學家曾在良渚文化晚期出土的資料，找到一些當時似乎有水潦的痕跡，參諸地層資料，在良渚文化末期，我國華南地區氣候曾有相當大的變化，這一支文化先民，是否避洪水而北上，與在黃河中、下游發展的龍山文化產生地域之爭；而據山海經記載：「蚩尤請風伯、雨師以從，大風雨。黃帝乃下天女曰：『魃』，以止雨。雨止，遂殺蚩尤。」在這一段充滿神話意味的敘述裡，我們是不是可以用另一個角度來想像；良渚文化的先民們，在連月的雨潦中，遷離港汊密佈的太湖流域及長江三角洲，舉族北上，在淒風苦雨中，與龍山文化共主黃帝的部隊相遇，初期大雨霧，繼而放晴；這一支文化先進的氏族部落，被打敗了，領袖被殺，文化被吸收，人民被俘虜、奴役，這支九黎民族就這樣逐漸走向衰亡，終至無影無蹤，只留下了「黎民百姓」中「黎民」這個象徵被壓迫的名詞。

　　另參照上古資料，中原一帶，黃帝之前無蠶絲、屋宇，黃帝造屋宇、製衣服、營殯葬，故史記稱：「順天地之紀，幽明之占，死生之說，存亡之難。」這些在黃帝時代完成的文化，不論宗教、死生、殯葬，甚至宮室，都有可能吸收自良渚文化，因為如：土築高台的建築方式，殉葬的形式化，桑蠶織布的手工業，制玉的技術，在良渚文化中，都已經發展到高峯了，但良渚文化先民是否就是九黎族呢？如果不是，他又往何處去了呢？我們只有等待更多的考古資料出土，來給我們答案了。（著者按：有關良渚文化去向的問題，雖多為臆測之詞，但也不是完全空穴來風，如良渚末期的時間，似與黃帝時代吻合，

蚩尤獸身人語，似也與良渚獸面紋飾有著若有若無的關連，地層分析中天氣的變化……等等。其中最特殊的就是：黃帝時代所歸為黃帝的一些發明，似都吸收自良渚文化，尤其是製玉技術，在仰韶文化、龍山文化中，我們都知道陶藝高於玉藝，但黃帝以後，製玉在中原就興盛起來了，故而提出以供參考。此外，古玉形制中有玉帶狀鐲，若刻有獸面紋，常稱為「蚩尤環」，不知這個名稱出自何處，一般的解釋是：黃帝擒殺蚩尤，雕蚩尤首，以儆天下，並耀威；後世則因蚩尤為天下至惡之人，雕之佩帶以「勝魘」。筆者認為：蚩尤環的源起，有可能是良渚文化獸面紋鐲，傳入中原後，而名之，其意義說不定是：「蚩尤民族所戴的玉環」或「蚩尤族傳入的玉環」，爾後良渚文化消失，當時又沒有文字記載，故老口傳，漸失其真，而變成現在蚩尤環的說法。是否如此，一併請讀者參考）。

第九章 ◈ 石峽文化

　　我們早期對廣東地區的認識是：開發很晚，而且氣候溫熱潮溼，瘴癘害人，毒蛇猛獸橫行，幾乎可以說不適合人類居住，一直到唐宋時期還是犯吏罪官，謫貶流放之池，唐代大文豪韓愈詩中：「知汝所來必有意，欲收吾骨瘴江邊。」就是一個最好的例子，因為韓愈認為，對一個中原人來說，嶺南根本就是一個有去無回的地方。但是事實上，很多田野考古出土資料顯示，在新石器時代中、後期，我國的廣東、廣西地區，就已經有一些氏族部落在那裡繁衍、生息，並且發展出進步的史前文化。

　　近四十多年來，大陸學者在廣東地區發現有古文化遺址近千處，但是由於近幾百年，廣東都處在高度開發中，建築、構工……等，對地層破壞的很厲害，所以調查、採集的資料，多於重點挖掘，很難把這一地區各處遺址的分期、內涵、類型，作完整的分類與排列。但於一九七二年，在廣東北部曲江縣馬壩圩遺址（也就是舊石器時代馬壩人洞穴遺址附近），發現了一些文物殘片，經探勘決定，在馬壩圩獅頭山與獅尾山中間的峽地作考古挖掘，這處遺址比周圍農田高四‧五公尺，面積約有三萬多平方公尺，中間高起，逐漸向東、西、北三個方向作坡度平緩的傾斜，是屬於遺址類型中的台地遺址，經過三次的發掘，共發現墓葬一百三十二座，這個遺址的文化層雖然厚度不一（約從○‧八公尺到二‧六五公尺），但是仍然可以看出，由三個不同年代的文化層疊壓在一起。最上層是以雲雷紋、方格紋為主要紋飾的印紋陶器為特徵，時代約當中原的西周晚期到春秋時代之間；中層遺物中以印紋陶的曲尺紋、長方格紋、雙線方格紋、雲雷紋等圖案為特徵，其年代約在中原夏、商之際；最下層出土泥質陶、夾砂陶以及少量的幾何印紋陶，經測定距今約在四千年與五千年之間，約與龍山文化、良渚文化相當，在這處（曲江石峽）遺址中，三個文化層都有以磨製為主的石器出土，尤其最下層中，出土一些美石器，雖然質地並不是很好，但是一些鐲、環之類的形式，頗具裝飾效果，而且比照其他出土遺物，顯示這一支文化已經進步到了相當的程度，所以命名為「石峽文化」。

　　石峽文化出土玉（美石）器有琮、璧、環、瑗、玦、璜、珠、管、墜等各類形制，材質則多為大理石、綠松石、蛇紋石……等。經研

究分析，珠、環、玦、墜……等裝飾品類，大約是自發性發展出來的，但是也有例外，如石峽文化中出土比較多的玉（石）環，形式就不劃一，有的肉寬而薄（呈平面狀），有的肉寬而厚（呈帶狀），而這種厚帶狀的鐲形飾，在良渚文化、大汶口文化中都有出土，故而難以確定，是否是自行發展出來。

在玉器材質上，石峽文化的選材，顯然不及良渚文化精美，在考古資料中，常以「石琮」「石臂環」等稱之，或註明：「青色玉，石質較強。」筆者根據實物瞭解，石峽文化中不少出土玉器並不是美石，上面的浸沁也不能作玉沁的參考，因為這些古物的材質，根本就是石製的；可是，這是選材上的不熟練？對美石的瞭解不清楚？還是習俗上的審美觀念有差別？沒有人敢斷言。但是在石峽文化中也出土了幾件玉（石）琮，卻頗令人訝異，因為它們的紋飾和良渚文化的玉琮（浙江吳縣草鞋山遺址出土）幾乎相同，目前比較一致說法是：「在當時通過交換，到達石峽文化地區的。」筆者認為，雖早在四、五千年前，而以文化的滲透特質，二者並不一定只限於貨物交換的來往關係，而良渚與石峽文化玉琮幾乎相同的疑問，我們決不能只用「貨物交換」的簡單邏輯來思考；因為，在史前文化各自獨立發展的過程中，另一支文化決不可能發展出和良渚獸面紋完全相同的複雜紋飾，而又同樣發展出和玉琮相同的形制；目前，雖然良渚文化玉琮的謎還沒有解開，但是具有某些宗教意義是可以確定的，在物物交換的史前時代，多是以工具、生產品、生活必需品為交換標的，鮮有將自己氏族的神器作為物品交換的。或者有人說，可能是戰爭的鹵獲，可是，依據史前資料，氏族部落間的爭戰，對他族的神祇只有毀壞，鮮有鹵獲作為自己的神祇的（但是女子、財、物則例外），尤其值得我們注意的是，石峽文化出土的玉琮，都出於墓葬，並且在部份墓葬中，也有類似「火燒葬玉」的習俗，而且石琮擺放的位置，也有與良渚文化相似處，所以，筆者並不贊成琮形器在石峽文化出土，我們只用「物物交換」一言以蔽之，雖然二者文化交流是必然存在的，甚至有可能石峽文化是良渚文化早期向南發展的一支；可是若從舊石器時代晚期的馬壩人是在曲江石峽遺址洞穴中出土來看，又有什麼關連呢？我們只有期望石峽文化的資料多出土一些了。

茲以一九七七年在廣東省曲江縣馬壩圩石峽文化遺址出土的石琮為例（如圖九十一），外方內圓，上大下略小，中心是一個從上往下鑿出的圓孔，器表以四角為中心雕出獸面紋，雙圈眼、方塊鼻、弦紋

（圖九十一）本器若非有明確的出土資料，任何一位專家，都會認爲是良渚文化出土的，其中惟一的差異，就是本器爲石製；依筆者管見，此二文化一定有某些關聯，只是目前出土資料不多，我們還不知道而已。

額，與良渚文化獸面紋琮幾近完全相同，此器高四‧四公分，邊長六‧七公分，內徑五‧七公分，現存於廣東省博物館；到目前爲止，良渚文化已出土琮形器數百件，形制都大同小異，比較特殊的是：良渚文化玉琮，選材都在其他玉器之上，玉材質最優者，方製作玉琮；但是石峽文化出土的玉琮選材則普遍很差，幾乎都是矽卡岩製成的。而在上古，廣東地區美石並不缺乏呢！這其間是否存在著什麼秘密呢？

　　另在石峽文化遺址出土玉（石）飾品中，有石玦十七片，兩面扁薄，缺口切割整齊，其中有兩片材質爲水晶，因爲水晶的硬度高過新疆玉，顯示石峽文化的製玉技術已經很高了；而這種玦形制起源於浙東，對我國東南方各海島都有影響；因爲在台灣、蘭嶼、綠島的史前遺址中，都有類似形制出土，這也證明石峽文化確與浙東的文化有些關連。

　　依據現有的資料分析，石峽文化除了出土有陶器、骨器、陶紡輪、動物遺骨外，還有磨製石器的石錛、石鑿、石芯、礪石、及大型器的石斧、石碎、石鏟……等，證明當時還是處在採集、狩獵的社會階段。

第十章◈福建、台灣的貝丘遺址與文化

　　一九五四年福建省閩侯雲石山出土了一處新石器時代遺址，後來經過陸續七次的發掘，發現這處遺址包括有三個相互疊壓的地屬關係與文化內涵，最下屬為黃褐土夾雜少量的貝殼堆積，伴隨有夾砂紅陶與泥質紅陶器片，並有石器工具出土，此外，尚有少量的骨器與蚌器；在中層，則為蛤蜊殼和灰褐土的混合堆積，出土石器有石砟、石鏃、鉞形石器、石刀、石鐮，以及製作精美的「有段石砟」，目前，雖然可作碳十四測定的材料不多，但大約可確定的是，雲石山遺址下屬，略微晚於馬家濱文化，但距今至少也有五千年以上，中屬大約和良渚文化相當，約距今四千年，這支史前文化出土的玉器有限，除作為首飾的小件玦、珠、墜……類外，並沒有大型或特殊的玉器。

　　目前，在我國華南地區已經出土的史前遺址很豐富，依地理環境，大約可以分成下列各類：

　　㈠洞穴遺址：例如，北京周口店鴿子洞的山頂洞人遺址，就是典型代表。

　　㈡台地遺址：這類遺址分佈在河岸兩邊的平坦台地，如前章介紹的石峽文化，就是台地遺址。

　　㈢貝丘遺址：這類遺址大多集中在江河下游的河口，或入海處兩岸小山丘上，主要發現在福建、廣東、台灣及各島嶼，其形成原因主要是：第四紀的造山運動，引起海面的上升與下降，在海面上升到高潮後，便逐漸下降露出陸地，因而在海岸地帶出現了廣大的海岸平原，在平常海水退潮時，寬大的海灘區，產出大量貝類，當時史前先民們便採集貝類與海生軟體動物，為主要動物蛋白質來源，而把甲殼留在居住遺址附近，由於長期累積，便形成所謂的「貝丘遺址」。

　　據我們目前所知道地球變化的資料，在早期大陸與台灣是相連的（台灣海峽還沒有形成），所以我國東南地區古人類與動物羣進入台灣是必然的，而在台灣第四紀中期地屬中，發現許多劍齒虎、犀牛、古鹿、古象的化石，也就不足為奇了，並且與華南出土的同期動物化石，種屬均相同；在十幾年前，台灣台南縣左鎮菜寮溪的一處舊石器時代遺址中，曾出土了一些屬於更新世的哺乳動物化石和一個古人類頭蓋骨化石的殘片，經命名為「左鎮人」；據考證，左鎮人距今約一萬年到三萬年間，屬於北京人的一支，這是目前台灣最早的一件舊石器

時代後期的重要人類化石。相信即是在第四紀中、後期，自我國南方移入台灣的原人繁衍出來的。

　　此外，目前在台灣全島所發現的新石器時代中、晚期遺址，也有近百處，而且澎湖羣島、綠島、蘭嶼、紅頭嶼都有發現，例如高雄市小港區鳳鼻頭遺址，所出土資料的文化特徵，與福建省雲石山遺址的中層，基本上是同一個文化系統的；此外，依東西舊蕃考的東蕃考中記載：「男子穿耳，女子斷齒。」的風俗，在台灣省屏東縣恆春鎮的墾丁遺址與鵝鑾鼻遺址的石板棺墓葬中，都常發現女子拔去上頜門齒、犬齒的出土資料；而同樣的，在我國沿海新石器時代的中期遺址，如大汶口文化的山東西夏侯遺址、蘇北大墩子遺址墓葬中，都出土有墓主拔去相同部位牙齒，以為美化的現象。又如，以台北盆地為中心，包括台北沿海一帶的圓山文化，在圓山貝丘遺址中出土的陶器、骨器、玉石器中，飾品玉玦的形制與廣東石峽文化相類似；石器中的有段石錛，則與浙南、福建等地出土的形式相近；有肩石斧則與廣東中部番禺、寶安及海南島出土的器形相同；所以，台灣新石器時代文化遺址所出土的資料，與大陸東南沿海一帶遺址所出土的有相當一致性，證實在演變源流中，與中原文化有不可分割的關係；但是，依地理位置與海洋環境分析，台灣曾受到東南亞爪哇人種的進入，可能是事實，在文化層面上，與東南亞的新石器時代文化有交流，也是可能的；可是，因為與玉器文化沒有什麼關連，所以，在此不詳作比對贅述。

　　但是，我們都知道，台灣是產玉的地區，又與中原、嶺南、浙東等史前文化有密切的關係，那些地區文化都有古玉資料出土，而台灣地區新石器時代遺址中，則出土玉器甚少，究其原因，應該是台灣玉礦幾乎都蘊藏在崇山峻嶺之中，非在適於人類居住的傍水河口（台北等貝丘遺址）、洞穴（台東縣八仙洞洞穴遺址）……等地，選材困難所致，可是依史前文化演進的規律，我們仍然可以在台灣新石器時代墓葬中，找到少部份個人裝飾用的美石製品，如：玦、環、管、珠、墜……等。

第十一章 ✥ 大溪文化與曲家嶺文化

第一節 ◇ 大溪文化

（圖九十二）本器以方折紋為主體紋飾（也有稱為八角紋者）作成的陶盤，大溪文化出土白陶極少，而此器為湖南省安鄉縣湯家崗遺址出土，依出土疊壓層分析，是屬大溪文化早期作品，極為難得；並且此器是模製（先刻模再在陶胚上印出花紋），是我國迄今發現最早的模製陶器代表作；據測定，此器距今約近七千年。

　　大溪文化主要分佈在三峽地區及鄂西長江沿岸，但是因為首先在四川省巫山縣大溪鎮遺址發掘而命名，實際上，這一個文化發展區，也包括長江中游流域，及漢水附近；時代正值中原仰韶文化早、中時期的擴張階段，故而在遺址文化層上，偶有彼此重疊的現象，造成出土文物分辨鑒識上的混淆，使我們對大溪文化的來源，也一度很迷惑；其實，江漢地區的史前文化，是一支相當獨立發展的重要文化。

　　雖然，我們目前所知道的發展序列還有一些斷層，可是近年從湖北發現了年代相當於藍田猿人的原人化石開始，接著在大冶又發現了一處舊石器時代的遺址，出土了一批古人類的打製石器，如果接續上湖北越家堰洞穴中，舊石器時代後期的長陽人，似乎已經看到發展序列上似連似續的痕跡，接著就是幾百處在年代上可以看到相互銜接的大溪文化與曲家嶺文化，繼之而起的，則是湖北龍山文化。所以，從

這個演進狀況，我們應該瞭解到，中華文化的形成，是多方面吸收、被吸收、包容、被包容而形成的，強調何者為主，何者為從，並沒有意義。

大溪文化目前已知或發掘的遺址，已經有一些，可是因為文化層相疊，彼此打破，在文物、器形比對上，造成了一些困擾，但是總的歸納來看，大溪文化鋤耕農業發展的相當早，製陶技術也很進步，早期以紅陶為主，另有一定數量的灰陶與黑陶，偶有白陶（可是數量很少）；以彩陶而言，陶衣又有灰、黑、紅、黃之分，但一般多以紅色陶衣為主，再以黑彩為圖；但絕大部份陶器表面為素面或磨光，器形則都是手製，偶有模製，陶土多為泥質，夾有炭粒與穀粒；在少部份有紋飾的陶器上，有弦紋、劃紋、瓦紋，比較特殊的是絞絲紋，這種紋飾，在同時期僅出現於大溪文化。在陶器器形特點上，筒形彩陶瓶為特有形制，此外，大量使用圈足底，也是此一文化陶器的重要特色。大溪文化的陶器隨著時代演進，黑陶漸漸增多，器形也有相當的變化，就逐漸往曲家嶺文化過渡。（如圖九十三、九十四）

（圖九十三）本器作圈足，為大溪文化陶器形制的主要特徵，從這隻彩陶碗觀察，器緣薄，以手製而言，陶工技術必然相當好；尤其在紋飾上，以方格紋與折紋作對比式排列，不但使花紋不單調，更使整器顯出整齊、嚴肅的感覺。

（圖九十四）筒形彩陶瓶為大溪文化的特有形制，略似一節竹筒，兩端大，中間小，並以黑彩作繪，中作帶狀紋（弦紋），兩端則作成少見的絞絲紋；本器出土於四川省巫山縣大溪鎮，但不是出自墓葬，而是出於遺址，據研究，可能是作為房屋奠基的禮儀器。（另：本器紋飾中的絞絲紋，後為玉雕所吸收，經過改良、演變，也變成玉器中相當普遍的紋飾）

　　在玉器方面，大溪文化不但出土了一些管、珠、環之類的個人首飾，也有一些形制特殊、用途不明的器形，為其他各地區文化所不見，應該是這支文化獨立自行發展出來的，例如：

　　一、邊牙狀玉璜（如圖九十五）：這件玉器與其他文化遺址出土的璜形器有所不同，因為不論馬家濱文化、大汶口文化……等所出土的璜形器，從器形的大小，或出土時在墓葬中與墓主骨架的相對位置，作為個人配飾的地位是很清楚的，可是本器卻長達十五公分，屬於大形器，雖然整體作扁平狀，形若半璧，兩端也各有一個圓形小孔（似可作佩掛用），具有一般璜的形制，可是筆者認為，本器決非一般日常性的個人配飾，因為如佩此器，必然影響日常活動與工具操作，故而可能是特殊場合使用，或原始宗教中禮儀的配飾，可是也不能排除是複合的禮儀用品（也就是說，可能與竹、木、皮等材質的製成品裝合為禮儀器，竹木朽去，只剩本器）；本器是於一九八〇年在四川

（圖九十五）本器與浙東、中原所出土早期玉璜相比，顯得特大，並已作半璧的扁平狀，依大溪文化距今六、七千年前來驗證，顯示這支文化，在玉器形制上相當進步，尤其刻牙彼此等距，但最後一格爲何不勻？筆者一度懷疑此器是殘器，在重製成璜形時，才形成這種狀況。但因無法取得實物研究，至爲遺憾。

省巫山大溪文化遺址出土，現在珍藏於四川博物館，原器在出土時已有斷裂，經人工併湊成原狀，檢視原件材質，可能是美石（蛇紋石），入土浸沁，鈣化現象嚴重，在璜外緣刻有十九個凹下的三角形邊牙，將圓弧分成二十等分，除右邊最後一格不勻略小外，其餘各格均呈等距，類似後期日晷的刻度，不知是否僅以美化爲目的，抑或有其他含義。在戰國時代著作完成的周禮中，曾對璜定義爲：「半璧曰璜，象冬閉藏，以玄璜禮北方。」是否在新石器時代發展出來的璜形佩飾之後，我們確曾把這種形制衍化成禮器，作爲特定用途使用？若有，這件出土於大溪文化惟一有刻牙的器形，在整個演變過程中（自素面走向紋飾），必然是極重要的一個環節。

二、玉人面形（佩）器（如圖九十六）：是一九五九年在四川省巫山縣大溪鎮大溪文化遺址出土，本器高約六公分，全器作扁平狀，呈黑色，有書稱爲「水銀全沁」，實爲大謬，據知：是用細緻的黑色火山灰岩雕成，呈橢圓形，其上端有兩個製作不甚工整的橢圓形鑽孔，其中一孔出土時就已殘缺，但是這種殘缺狀況，不似人力破壞，或

（圖九十六）本器爲雙面雕人面，在史前玉器中極爲少見；目前僞仿類似製品，多以染色玉爲之，而此器根本非透閃石類，而係火山灰石；筆者初見此圖，即已察知，因爲從剝裂傷痕的斷口，可知非沁，也非玉器斷口現象。史前玉器的材質極爲複雜，此即一例，如欲深入研究，具有礦物學常識，當爲必需。

撞擊斷裂，而似製作不愼，將玉器邊緣磨穿所致；器中作一正視的人面，但爲雙面雕，人面形象相似，以圓圈磨出雙眼，凸直的鼻樑與上額相連，嘴略爲圓形，無耳，但用陽線把人面輪廓再加强調，形狀宛然，益顯人面的生動，爲大溪文化截至目前爲止，出土的惟一件人面形玉雕，若從造型、特徵來看，本器確爲人面，原出土記錄稱爲「佩」（大約從上端二孔所認定），筆者則有存疑的態度，因爲史前文化一般製玉的技術，都是平均發展的，而鑽孔的技術，走在最前端，當可作爲我們判別一支文化製玉技術成熟與否的重要指標；此器人面雕琢生動別緻，而兩個穿孔卻是如此粗糙，故而筆者認爲，本器有可能是初製時無穿，後得者，再加鑽兩孔，但因不是專職玉工，方造成本器琢工不調合的現象；可是爲何要作這種人面器呢？只有期待更多的出土資料來查證了。目前惟一能證實的是，此人面形器，出土於大溪文化晚期的一座兒童墓葬中。

第二節 ◇ 曲家嶺文化

（圖九十七）曲家嶺文化陶器的成就特大，對龍山文化的黑陶影響也很顯著，尤其他讓一類型式，轉化到不同器具上的工藝造型觀念，對我國各類藝術的演變，都有很大的影響，雖然在當時，對玉器的影響還看不出來，但是後期商、周時代「組佩」……等，就表現出來了；圖示小彩陶杯，於湖北省京山屈家嶺遺址出土，陶胎薄至約〇‧一公分，由此可知曲家嶺文化製陶技藝的水準。

最早，湖北省考古學家於一九五四年在湖北省京山曲家嶺地區發現一處遺址，陶器以薄如蛋殼的小型陶器、彩陶紡輪及高圈足的鏤空豆形器為主要特徵，經鑑識，為新石器時代晚期的一種文化，主要分佈在江漢平原，已經進入鋤耕農業階段，並且紡織業也很發達，其中陶器的紋飾、器形，對我國史前陶器歷史有重大的影響，並旁及其他造型藝術與工藝美術，故而命名為「屈家嶺文化」。例如：在陶器造型上，這支文化常將一種固定型式，轉化在不同的器形上，像碗、豆、鼎的體部基本都一樣（就如同我們現代整組的咖啡杯、壺組器一般）。

屈家嶺文化的陶器胎色為橙黃色，常施以灰、黑色陶衣，陶碗內外則多飾圖案，依整體進程言，這支文化早期與大溪文化相似，一直到中期，才形成自己的風格，一些薄如蛋殼的小型彩陶器，如小杯、小碗，製作的工整、精美，絕不亞於後期龍山文化的蛋殼黑陶（如圖

九十七）。在紋飾上，常使用弧線、弦線、卵點，比較有特色的是彩繪陶紡輪，用紅、黑、褐色陶衣，在其上繪出三角形、圓形點、弧線等幾何圖案，構成簡練美觀的旋轉形裝飾，爲曲家嶺文化的最大特色。並且這支文化中，也出土了相當數量的小動物陶塑，似是順手捏成，卻能顯出動物樸拙可愛的個性，也是這一支文化，工藝比較特殊的地方。

　　自從大溪文化出現後，考古學家廣泛的在江漢地區作採集、探查，發現在這一地區疊壓在仰韶文化之上的，都可歸類爲曲家嶺文化，而沒有仰韶文化的地區，曲家嶺文化則疊壓在大溪文化之上，但是曲家嶺文化的上層，則統一都是湖北龍山文化，這個狀況告訴我們，曲家嶺文化是由大溪文化與仰韶文化共同孕育而成（也許大溪文化的成份多些），在經過獨立發展形成自己的文化特色後，再匯合仰韶文化後期，逐漸走向龍山文化。

　　曲家嶺文化的特色在陶器，尤其在小型器，與小動物的陶塑上，都有凸出的表現，雖然在玉器方面不是很有特色，可是在陶器的紋飾、陶塑小動物的造型，於進入龍山文化後，卻對玉器的紋飾與玉器圓雕的動物造型，有重大的影響。（如圖九十八）

（圖九十八）本器名爲「黑陶高足杯」，杯小柄粗，已非純實用造型，可見曲家嶺文化陶工們，已經在陶器設計上，思考藝術性的問題，而發展出來的形式，與近代卻有共通性，例如：本器若非遷就雕工表現的鏤刻，則此器的形式很近於西洋的「高腳酒杯」。

第十二章❖先蜀文化與廣漢遺址

從江漢地區往長江上游溯進，首先遇到的就是長江三峽，在這裡，江峽突然變窄，江面落差很大，自古號稱天險，外人極不易溯江進入，所以有：「蜀道難，難於上青天。」之語。一般想像，連人類都難以進入，而要靠長時間融入的文化，也就更難進入了，所以一般史家都認爲，蜀地的開發很晚，一直到東漢後期，諸葛亮將完整的典章制度與中原文物帶入蜀地，四川才算開發完成，可是依據目前已經出土的考古資料來佐證，事實並不是如此。

本世紀三十年代，在我國古玉界曾發生了一件相當轟動的事件，對玉器的鑑識，及近幾十年私人收藏，都有很大的影響，因爲與先蜀文化有關，有必要在此作一描述。

在四川省廣漢縣西部的南興鎮，鎮外有一條馬牧河蜿蜒流過，在河北岸有一片砂洲，作月牙狀的伸入河內，河南岸則有三個圓形土丘，當地人以三星伴月的典故，稱河北岸爲「月亮灣」，河南岸爲「三星堆」。

民國十八年（一九二九年），世居在月亮灣以農作維生的農民燕道成、燕青保父子，在小溪邊掏淤泥，準備安放水車時，忽然挖不下去了，因爲碰到一塊石板，父子合力把石板掀開，發現了一整坑上古玉器，有玉戈、玉笄、玉鉞、玉琮……等形制，共多達四百多件，燕家父子不動聲色，趁黑夜，才將這一批玉器搬入家中，又過了一兩年，燕道成以一隻素面玉琮，獻給當地駐軍主管，並請求介紹買主，經成都古董商鑑定，確爲眞品，「廣漢出土古玉」的新聞才喧騰開來，這就是四川廣漢遺址發現的開端。

此後，幾乎每年廣漢地區，都有一些玉器，因爲農民犁田、整地而出土，但是因爲不像燕青保家的新聞有震撼性，所以出售、轉手時，都託稱是燕家玉器，在民國二、三十年前後，燕青保家的玉器，是非常有名的，經常掛在各大古董商的口中，此外，因爲四川民風的閉塞及接著抗戰，國民政府西遷重慶，在交通封閉的環境……中，廣漢遺址出土的玉器，不像其他遺址的珍品，大量流向國外，而當時正值重慶爲國民政府的重心，高級知識份子、識貨的收藏家特別多，所以這些玉器，大多仍在國內私人收藏手中，筆者近年見玉甚多，僞古除外，眞品中，有相當多是廣漢出土。聽收藏家娓道收藏過程，也確爲

抗日戰爭中入川所得，或來源指向四川，這是我國玉器出土較多的遺址中，比較特殊的一處。

另依據大陸資料，從一九八六年初，考古人員在林向與陳德安兩位先生的率領下，在廣漢地區作比較深入的遺址整理工作，在四個多月中，共在三星堆整理出九個房屋遺址（其他多被破壞或湮滅），一百多個灰坑，十幾萬件陶器殘片，及五百多件陶、銅、玉、石、漆器等文物；並分析出，這是以廣漢西方十多里的中興鎮為中心的一個廣大文化遺址，面積至少在四、五萬平方公尺；而月亮灣只是在這個遺址的西緣外圍，從各方資料參考，此處正是這個文化遺址的製玉工作場所，而這也解釋了，為什麼燕家及附近出土玉器，不在墓葬中。在同（一九八六）年七月，三星堆地區的磚廠在挖取造磚土料時，挖到幾件玉器後，經專業考古人員作試掘，……陸續出土了一些金杖、虎、雞、鳥、蛇的變形青銅動物象，其中有幾具青銅頭像，與真人頭部差不多大小，造型精緻優美，無一雷同，其中最令人震驚的是，出土了一件高達二‧六公尺的人型全身銅像，這些人像高鼻闊目、表情嚴肅，與中原文化的人面像完全不同，出土時，中空頭部有的是有貝殼，有的內裝象牙，而且耳部都有掛佩飾的耳洞，不知作何用途，大概與原始宗教有關，其中「獸耳人面凸眼青銅面具」及一株高近兩百公分的青銅樹，都是重達上千公斤的鉅形銅塑，這些古器物的出土，不但開闊了我們對我國早期青銅器造型藝術的認識，也更證明我國文化內涵的豐富（如圖九十九、一○○、一○一）。

目前廣漢地區遺址經分類整理，約可劃分為四個時期，最下層經碳十四測定，距今約五千年到四千五佰年間（約為新石器時代後期），我們稱為「先蜀文化」，出土遺物有石工具、陶器、紡輪，並件隨出土有豬骨、鹿骨，證明當時在這一個區域養蠶、農業都已成形，而再參考出土磨製精細的石器，其型制不同於中原，應該是獨立演進而成的文化，只是目前再上溯的源頭還沒有找到而已。

廣漢遺址第二期文化層，經碳十四測定，約距今四千五百年到四千年間，第三期距今約三千六百年，第四期約距今三千年，四層疊壓，繼承關係十分明確、完整，這也證明，至少在新石器時代，四川就有一個高度文明存在著，約到戰國後期，秦滅巴蜀，這支文化才漸與中原文化融合、消失，大家也就漸漸遺忘了，可是在秦滅六國後，曾在首都咸陽，收天下兵器鑄成十二個巨大的金人，可能與吸收先蜀文化的鑄造技術有關。

（圖九十九、一〇〇、一〇一）這些都是一九八六年在四川省廣漢縣南興鎮三星堆村出土的古青銅頭像，這一批青銅像，多達三十餘件，特徵爲口、眼多有鑄後再刻的現象，依地屬分析，約屬先蜀文化後期（當中原商末）作品，觀其鑄、刻風格，未見受其他文化的影響，應是單獨衍化形成，有關早期的玉器文物，目前尚難有系統的分析，但到商、周後期，其玉雕形式雖有地方特色，但與中原已很類似（詳見本書第二冊商、周編）

此外，依廣漢遺址四個相互疊壓的時期分析，早期雖然石器製作精美，但是一點也看不出玉器在這個文化中的重要性，可是到了第三、四期，玉器製作就已經極為發達，其中的轉折，雖然從出土資料多方尋找，但還是沒有可信的線索，一般認為，可能與政教合一的文化進展有關，因為，後期出土的玉器，如玉璋、玉瑗、玉璧、素面玉琮，與中原文化的形制相似，而且都類似西周禮器，並且有少部份雕成鳥嘴形的玉戈、玉璋，在其他地區從未出現過，這種特殊的形制，是否與我國早期傳說，西蜀開國君王是魚鳧氏、杜宇氏有關呢？我們則留到殷商階段玉器再作討論吧！

第十三章 ✧ 龍山文化

　　在我國新石器時代的前期與中期，各地區獨立發展的史前文化，隨著時間而逐漸進步，其中，黃河流域的仰韶文化，因為分佈很廣，延續時間也很長，吸收了不少其他地區的文化特色，形成了燦爛的「彩陶文化」，這支文化中的陶器，品種豐富，陶衣色彩艷麗，紋飾筆觸，粗壯有力，結構簡練大方，顯示出先民們驚人的藝術造詣，可以作為我國中原地區的文化特色。

　　另在近二、三十年的田野考古出土資料中顯示，我們早期一直認為開發很晚的我國東南沿海一帶、東部地區，也都出現了一些進步的文化遺址，不論是東北地區遼東半島的紅山文化，山東半島與蘇北一帶的大汶口文化，江浙地區的河姆渡文化、崧澤文化、良渚文化，廣東地區的石峽文化……等。都陸續出土了一些造型特殊，製作精細、選材良好的玉器，雖然有許多器形的用途與意義，我們還不能明瞭，但無害於我們知道：我國非實用器藝術的萌芽，也是非常的早，而其內涵也是極豐富的，基於「藝術源於生活」的定理，我們相信，許許多多現在形制不明的器形，必與原始宗教有關。

　　筆者嘗言，我國史前文化在新石器時代的遺物，雖不若埃及文化的金子塔、人面獅身像的雄偉，也不若中亞兩河流域巴比倫城市建築的工程浩大，但以玉器而言，一刀一琢，一鑽一鑽，也正代表我國文化堅韌、精緻、纖細的特色。

　　這兩個特別發達的造型藝術：㈠中原的陶塑㈡沿海地區的玉雕；在時間的長河中，點滴接觸、融合，而後來形成的龍山文化都繼承了不少，使龍山文化更多樣、更進步，也就是在這個時候，到了我國文化演進的重要階段——國家形成的前夕。（如圖一○二、一○三）

　　龍山文化在我國田野考古發掘中出土甚早，於一九二八年在國外學者（該時我國田野考古學才在初萌階段）主持下，首先發現於山東省章丘縣龍山鎮的城子崖遺址，故命名為「龍山文化」，初期，確定他是新石器時代遺址，出土資料相當豐富，如生產工具是磨製精良的石器，陶器則為輪製，以灰陶為主，但是出土文物中有一些薄如蛋殼，精光黑亮的黑陶與殘片夾雜其中，為世界其他古文化所未見，故又稱「黑陶文化」。可是，當時我國學者對考古學的認識非常淺薄，且對我國史前資料的認識，也停留在三皇、五帝的傳說之中，而主持挖

（圖一○二、一○三）在我國史前造型藝術中，中原地區的陶器，沿海地區的玉雕，都扮演了重要的角色，也是我國所有藝術的起源，在地區文化的發展、融合中，龍山文化扮演了一個收獲者的角色，這致使龍山文化更多樣、複雜，也更進步，當這種現象高度發展後，也就是我國家形成的前夕了。

掘的國外考古學家，對我國豐富的文化內涵，也缺乏深刻的認識，就在這種情形下，關係我國整體文明發展的這一支文化，被窄化、單純化了，他們認為：龍山文化是繼承仰韶文化在黃河中、下游發展的中華主體文化。這種見解，在某一方面是正確的，例如，時代的定位，文化層的分析……等等，但是在整個文化範圍的認識上，以現在的眼光來看，已經是狹隘的可笑了。

（圖一〇四）早期，大家都認爲龍山文化，只是一支在黃河下游發展的文化；其實，並不是如此，由這一件在山東省安丘縣出土的「黑陶高足杯」，就可看出來受到曲家嶺文化的影響（參考圖九十八），但雖然器形相似，龍山文化仍作了一些修正、改良，而不只是一味的承襲，這也是龍山文化能急速進步的原因。

　　現在，一般考古學家與歷史學者都已經知道，龍山文化分佈的區域是極其廣泛的，也因爲如此，雖然各地區的龍山文化都有一致的文化內涵，但是在各類器形上，因爲文化繼承來源的差別，文化融合的差異，生活環境條件的不同，使各地區的龍山文化彼此仍存在著一些差異，爲矯正以前錯誤的認識，以及分辨上的實際需要，現在多冠以省名，以爲區別，例如：河南省龍山文化（以河南後崗遺址二期文化爲代表），山東龍山文化，陝西龍山文化（陝西長安客省庄遺址的客省庄二期文化）……等。各地區龍山文化的差異，筆者以簡單的例子來說明，像河南湯陰縣白營遺址的龍山文化，是河南類型，早、中、晚期出土資料與山東龍山文化都有相同之處，如鬼臉足鼎、陶鬶……等，可是也有一些直筒杯、平底盆……等，是河南龍山文化的特點；又如陝西龍山文化（即客省庄二期文化）中的雙庵遺址，距王家嘴仰韶文化遺址及周原遺址都很近，繼承關係是很明顯的，可是在陶質上，卻與山東龍山文化發生差異；同樣的，如河南省上蔡縣十里舖的龍山文化遺址，其下屬是屈家嶺文化，但是他本身文化屬出土的遺物，不僅有和河南龍山文化、湖北龍山文化相似的陶器，而且還有與大汶口文化晚期及山東龍山文化相近的器形，且又具有本身的文化風格。這些情形雖然和玉器沒有直接的關係，但是我們必須建立一個比較正確的概念，那就是——龍山文化本身是較多面性的，如此，我們在對玉器形的瞭解，及對出土玉器的墓葬情形認識……等，就比較容易入門了。（如圖一〇五）

（圖一○五）這種三足式的陶鼎，鼎足
造型極為特殊，有稱為「鳥頭式足」、
「人面式足」或「鬼臉式足」，在河南
山東的龍山文化都有這種器形，但這兩
地區，也都有不相屬的器形，這就是龍
山文化多樣的特色。

　　現在，我們依據遺址與墓葬的出土情形，來概廓的描述，這一支
文化的大約社會狀況與生活情形：
　　一、從出土的村落房基佈局來看，他是有規律的成排成行，表示
除了聚落村落的生活區形式外，人類已經有規劃城市的基本條件了；
早期房基以圓形為主，後期則出現方形，而且有水井的鑿掘，雖然在
浙東的河姆渡文化中期遺址中，就發現了水井，但是極普遍使用水井
，在龍山文化中則可以說明是確定的，也因為如此，人類居住脫離了
自然環境的限制，不必只侷限於水邊的台地、斜坡、洞穴了，這也是
龍山文化能夠廣泛散佈在各地的原因之一。
　　二、龍山文化在建築上，已經普遍採用夯打的方式來加固房基，
在室內也使用白灰和水塗抹，使居住面潔白光滑，這表示，先民們不
但已經要求住居房屋的堅固，而更進一步的要求住居的品質了；同時
，在房基或一些居住面的填土中，常發現埋入成排大蚌殼的習俗，這
些蚌殼直徑約在三十公分左右，多以三、四十片為一疊，平放或側放
於房基下，再填土夯實，這顯然是一種有意識的行為，是不是龍山文

化先民們從貝丘遺址的形成上，吸收了什麼？或模仿了什麼呢？但是可以肯定的是——這個習俗已經是龍山文化原始宗教的一部份了，而且，我們也替迄今行之多年的鎮宅與奠基行為找到了起源。（如圖一○五Ａ）

（圖一○五Ａ）龍山文化區域廣，本圖是出於河南省湯陰縣的白營遺址，是典型河南龍山文化的代表；在遺址挖掘中，除發現他承襲仰韶文化，常將兒童以甕棺葬方式埋於屋房外，也在屋基埋入成排的大貝殼，這些淡水貝殼直徑達三、四十公分，被一疊疊的埋入屋基（如圖），雖然確實的用途，目前我們並不瞭解，但爾後建築的奠基行為，則必起源於此，因為到了龍山文化後期，殺牛、殺羊埋入屋基，以為奠基的行為就很普遍了。

三、龍山文化的原始宗教內涵我們還是一片模糊，可是從個別出土資料中，找出的：「已有用牛肩胛骨來占卜的現象。」，「以大蚌殼埋入房基」，「後期有殺羊埋入房基的資料。」顯示，龍山文化的原始宗教文化，雖然擷取了其他文化的宗教內涵，但是已經轉化成自己的東西，並且步向各地區統一的狀態，在這個統一的過程中，似乎特別強調儀式的一致性，這種趨勢，影響所及，為國家形成產生了助力。同時，也為爾後殷商甲骨的筮卜，周初禮器的製作，在龍山文化找到逐漸形成的源起。

四、龍山文化的墓葬有仰身直肢葬、側身曲肢葬、俯身葬、仰身交腿葬，與跪蹲式葬法……等不同型態，明顯可看出吸收各類不同早期文化的現象，但到後期，單人仰身直肢葬最多，顯示從紊亂中也有趨向統一的態勢；早期，一般墓葬，就都有墓壙，但到了晚期，則有木板棺的普遍出現，也表示在墓葬習俗上，已由最原始的鎮魘，趨向

於尊敬，禮遇亡者，這對我國玉器文化的形成，也是有重大助益的。

　　五、龍山文化各墓的隨葬品多寡不一，可以看出社會上明顯的階級區分與貧富差別；而且，因為製陶業的發達，專為製造供隨葬的陶器產生了（因為製作較不嚴謹，出土時沒有使用痕跡），並且在繼承仰韶文化、大汶口文化、曲家嶺文化等不同的墓葬習俗後，隨葬品不但逐漸走向統一的固定組套形態，而且在品類上，也加增了陶屋、小動物、人形……等，而且兒童墓葬多以甕棺，葬於住處牆腳，但也偶有伴隨葬品，葬於墓地（顯然是承襲仰韶文化而沒有太大改變）。（如圖一○六）

（圖一○六）龍山文化明顯有專供隨葬的陶器，此類「明器」製作不嚴謹，出土時，可觀察出沒有使用痕跡；此二陶人出土於湖北省天門縣鄧家灣遺址，屬龍山文化中期墓葬，當為「明器」，似應名為「陶俑」。比二器一箕坐，一跪坐，雖僅作出輪廓，但造型生動、自然。

　　六、在這個原始的農業社會中，使用的各類生產工具，都製作的相當精美，像扁平穿孔的石鏟、石刀，及去穀物外殼的磨盤與杆……等，此外，也有數量眾多，以收獲莊稼為主要用途的蚌刀，及帶有鋸齒的蚌製鐮刀，再加上出土陶器形式多有鬹、高足杯、單耳杯等酒器，基於糧食必須過剩，才可能釀酒的推測，龍山文化似乎不只是生產工具製作精美，方使農業生產量增加，先民們似乎已經掌握了相當的農耕技術。

七、從眾多遺址灰坑中發現的獸骨分析，以豬、鹿、羊、牛、雞為主，這表示人們在過著以農耕為主體的定居生活中，並且大量的飼有家畜、家禽；比較特殊的是，在一些遺址中，出土了貓的骸骨，雖然早在舊石器時代的北京周口店山頂洞人遺址，就曾有小型貓科動物的骸骨化石出土，但是從下頜骨、牙齒都比家貓大的狀況研判，該動物應該是遭山頂洞人捕殺的家貓祖先，因為在舊石器時代，養貓除了浪費糧食外，貓是毫無用途的，可是到了農業化的社會則不一樣了，由於鼠類對農作物及貯存的穀物都會造成嚴重而直接的損失，而貓是鼠類的天敵，所以有學者據此推測，在龍山文化已經開始飼養家貓了，這是相當可信的；綜合龍山文化生產工具製作的美好精良，有釀酒的餘穀，怕鼠類偷食貯存的穀物而發展出飼養家貓……等，都顯示這個社會的物質生活基本上是富足的。

八、石器中有一定數量用燧石打擊的小型箭鏃與刮削器，這種細石器在山東、河北、河南的各地龍山文化遺址，多有出土，幾乎可以說是龍山文化的一個特徵了，這證明他與北方以游牧、畜牧為主要發展的細石器文化有接觸，而這種接觸，可能是在天寒地凍下，北方細石器文化先民南下尋找牧草，形成戰爭狀態的接觸。所以，在龍山文化時期，除了部落間的併吞戰爭外，北方細石器文化的武力入侵，也常使戰爭發生；而這些戰爭的不斷持續，也成為步入國家形態的助力。

九、龍山文化的陶器，除了承襲豐富的技術與經驗外，因為生產力的提高，而選用不同的原料，使其材質更多樣，有夾砂紅陶、泥質紅陶、泥質灰陶……等，形式則以鬹與鬼臉式腿的鼎作代表，但是最凸出的，卻是在陶器中所佔比例不多的一些泥質黑陶，胎薄到僅有〇・一到〇・二公分，不但薄而且光亮如蛋殼，有學者讚稱：「黑如漆，明如鏡，薄如紙，硬如瓷。」這些黑陶器上常用劃紋、絃紋、雲雷紋為飾，刻紋細若游絲，流暢精巧；基本上，要燒出龍山文化黑陶，需要較高的火候與更高的技術，這顯示龍山文化工藝技術的提升，而一些精巧流暢的游絲紋，更顯示這支文化造型藝術進步的情形，並且，這些紋飾特性，很快的就轉化到玉雕上，也形成了龍山文化玉雕比較特殊的風格。（如圖一○七）

整體來看，龍山文化因為承襲不同，區域又大，很難用綜合歸類，盡予包涵，但是我們卻必須要有一個概念，就是：「龍山文化的演進，在有形藝術上，是從早期的多樣趨向於多面的表現，極其豐富；可

（圖一〇七）龍山文化的陶色、陶材都很多，但最具代表性的，卻是數量不多的黑陶，如圖這件「黑陶蛋殼杯」，上部杯體胎薄如紙，中為鏤空腹柄，下為工整的底座，造型優美大方，曲線柔和，當為完美的藝術精品，而這也是各地區史前文化交流融合，賦與龍山文化的創造力。

是在精神方面，如對宗教、政治、禮俗、儀式、墓葬……等的認知，卻相反的，由多樣趨向一致。」這是多種史前文化融合，走向國家形成的必然現象。

此外，在玉器方面，雖然出土不若良渚文化豐富，但以總的技術層面來分析，典型龍山文化的製玉技術，明顯較大汶口文化、曲家嶺文化都提高了不少，並且不只是單純技術的提升，而是整個器形都製作的更細緻，更嚴謹，線條琢刻，轉折流暢，鑽孔的修整，毛腳的打磨，都表現出手工精細，要求嚴謹的專業態度。例如：

一、玉獸面紋硰（如圖一〇八）：本器原斷為兩截，全長十八公分，上窄下寬，上邊約四・五公分，下邊約四・九公分，厚約〇・八公分，為墨綠色材質，略有乳白色沁蝕，以目視沁蝕分析，當為綠色蛇紋石（岫岩玉）。此器雖兩面磨刃，但一邊斜度大，一邊斜度很小，這種偏刃（或一邊斜磨，一邊平直）的石器工具，稱之為「硰」，據古人類學家研究，這種刃形的手工具，適於作硬物的挖削工作，例如，作獨木舟……等，在我國沿海各史前文化區，多有類似器形的石器，包括台灣，據稱這種形制的石工具，最早出現於河姆渡文化與馬家濱文化；本器沒有確實的出土資料，是在山東龍山文化遺址的日照縣兩城鎮自民間徵集而來，且據知，民間在田野中蒐得此器後，還存

（圖一○八）本器爲龍山文化玉器代表，其中以陰線作出變形獸面紋，不知何所源，但鉤連自然，結構適中，確爲我國造型藝術的顛峯之作，已往多數人認爲龍山文化玉雕，不若良渚文化，其實不然，而造成這種錯誤觀念，主因係龍山文化地處中原，文物遭盜掘、損毀情形嚴重，且出土很早，據稱戰國時期，即有專業的盜掘人士，其目的均以盜玉爲主，故而這支文化玉器散失、湮滅的情形最嚴重。

放了一段時間，才上繳文物單位，故而詳細的出土狀況，已無法查證；但綜觀本器，與龍山文化磨製精細的石砰，形制上相同，刃口相似，而且陰線紋與龍山文化黑陶片上的紋飾相接近，當可確定爲龍山文化珍品；這種以陰線紋作出卷渦形的眼睛，並構成額頭與面頰的圖案，極生動、優美，刀法轉折，圓潤、柔和，勾勒出一付形象特殊、猙獰的神面，且似由雲霧、煙幕中浮現而出，給人一種神秘、飄忽的感覺，就造型設計言，本器紋飾已跳脫紅山文化、良渚文化、大溪文化、大汶口文化等對人（神）面寫「型」的階段，而步入了寫「意」的境界，這種進步與意境是如何促成的，我們還不瞭解，但是，這種神秘自然而毫不造作的圖飾，卻告訴我們，玉工對這種類型的圖案，已然認識透徹，才能如此發揮，一般僞製膺品，多將類似渦紋堆積在一起，雖相似，但整個畫面不均衡，也不自然，只要略有慧根的人，一望就知；筆者有幸，多年前曾在一香港收藏家的手中，見一類似器形，雖紋飾略異，器形略小，而且材質不佳，但一上手，即知不是膺品，因爲那種自然的佈局，一定要對那種原始宗教有深刻的認識，並且浸淫在宗教氣氛中許多年，才能自然流露出來，決不是現代人活在這個機械化的社會，憑想像而能造出來的，惜要價過高，失之交臂，不知此件寶物，如今流落何方！（如圖一○九）

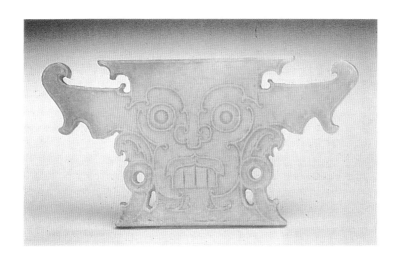

（圖一〇九）本圖爲龍山文化獸面紋的
平雕像及背面拓本，此器高四、五公分
，寬八·九公分，厚近一公分，民國初
年，由名占董商黃濬賣至國外，現藏於
芝加哥美術館，這類造型似由煙幕中浮
現，圖案生動，刀工轉折自然，顯示龍
山文化玉雕藝術的進步。

（圖一一〇）本器應爲嵌飾之一部份，從材質的品相觀察，此器可能是大理石質，似尚不足稱「玉」，且自孔緣內壁觀察，亦顯出材質較軟，全器不似浸沁，而似石材品相。此器爲目前單一形制的「孤件」，實難解開用途之謎，但筆者認爲是嵌飾。

　　㈡玉扁平琮形器（如圖一一〇）：本器作正方形，邊寬十三‧八公分，孔徑約六‧八公分，厚約〇‧三公分中，光素無紋，但製作嚴謹，中央有一圓孔，每邊中部都有一個相同的凹陷缺口，全器材質作青灰色，有黑色斑點，從這種現象觀察，本器材質可能爲大理石質，是一九八四年在山東省臨沂市羅莊湖台遺址出土，出土資料記爲「玉扁平琮形器」，在中國美術全集"玉器篇"中介紹：「俯視此器如良渚文化中常見的外方內圓形玉琮，其每邊凹缺口，似玉琮四面凹槽，唯此器矮薄，並無獸面紋；此器又近似紅山文化稱爲璧的外方內圓形器，唯此器是直角，而不是委圓角（圓角），每邊有凹缺口，而不是平直，靠邊沿無小圓孔，而不是有一個或兩個小圓孔；它與良渚文化玉琮，紅山文化外方內圓形器，有何關係，尚需進一步研究」。中國美術全集是一套極權威的中國文物資料，但是對本器的介紹，卻是有些牽強，雖然我們對「良渚玉琮」及「紅山外方內圓形器」的用途……等，知道都不多，可是我們已可確知，獸面鐲形飾走向玉琮的形制是比較有說服力的，我們如何把一個薄僅〇‧三公分的平面形器與立體的玉琮聯想在一起！至於紅山文化的外方內圓形器，它的特徵是有繫孔，四角呈弧圓，內外邊緣都磨成双邊，與此器可以說毫不相干；筆者認爲：此器應與紅山文化、良渚文化都沒有關係，雖然，對它的確

實用途還沒有把握，但是依據它四邊中間凹下一段，及扁平形式研判，應屬鑲嵌器類，只因年代久遠，邊鑲的材料已朽，才會使玉器現出這種形制，不知是否正確？

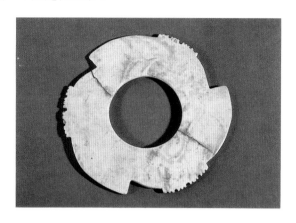

（圖一一一）本類器形，早在大汶口文化就有出現，到了龍山文化，則在各處遺址中均有出土，爲龍山文化的代表器形之一；數年前，殷商婦好墓出土一件，內環有繫繩磨出的痕跡，可證明在殷商時，此類小件器形，作爲佩飾，但是早於殷商近千年的龍山文化，爲何發展出這類形制？確實用途如何，目前還沒有答案。

三、玉璇璣形器（如圖一一一）：這種器形也是一種極具爭議的玉器之一；本器直徑約在八公分左右，體作扁平，出土時斷成兩片，惟可確定爲一器，是於一九七八年在山東省滕縣里莊的龍山文化遺址中出土，這種形制，早在山東龍山文化的前身之一，大汶口文化中就有出土，而在龍山文化時期，陝西龍山文化、河南龍山文化都有出土，顯示他已經變成龍山文化的統一玉雕器形，這與筆者提到，「有關宗敎類的形式由多樣趨向單一」的觀念是吻合的。

早在前清吳大徵氏作古玉圖考時，就曾遇見此類器形，吳氏雖爲鑒玉大家，有系統的介紹了古玉的一些形制，並且解決了一些懸而未解的問題，他所著的古玉圖考也是我國有關玉器書籍中，比較具有學術性的一本專著，可是對於這種器形，他卻是看錯了，他把這種器形，認爲是「玉璇璣」，一種觀測天文儀器中的零件之一，雖然我們用現代機械眼光來觀察本器，確與某種「離合器片」有神似之處，可是

我們都知道，離合器是在有固定軌跡的活動機械中，作爲接合或脫離的零件，但是本器看不到某一部份有接觸或摩擦的痕跡，況且在接觸摩擦中，還要承受衝擊的力量，玉石製品未若角、牙、骨，具有韌性，以此種材質製作，是極易斷裂的，所以筆者認爲：本器作爲玉璇璣（或織布機上的機械零件）的說法，是可以放棄了；後來，有學者稱此器爲箍髮之用，但是近幾年出土資料，說明本器直徑有長達十七、八公分者，依重量判斷，不可能置於頭上，並且內環過大，也抓不住頭髮；故而近年學者，多稱此器爲變形的璧，可是先民們爲什麼要浪費如此的刀工、材質，來製作這種型制呢？則還沒有答案，但是台灣古玉界，早就把他訂名爲「牙璧」或「戚璧」了，其實望形生義，如此取名也是不得己的，但是總讓我們有不著邊際之感；筆者曾接觸二件類似器形，再參酌中、外博物館的收藏，以及近年出土資料，約可得到下列結論：

　　㈠本器雖然似有統一形狀，但在凸脊、鋸齒配置上，卻不完全相同。

　　㈡本器大小不等，厚薄不一，小至數公分，大則數十公分。

　　㈢本器基本形狀爲扁平，中間爲一孔，內孔邊緣從未見修牙脊。

　　近年，有大陸學者指出，此器是太陽的圖騰，並舉例說明，似有可能，可是所列舉的資料還是太籠統；所以，將來如何爲本器正名，如何確定本器的用途，與器形的意義，爲何器形大小差別甚多？似乎還需要更多的完整出土資料來研究。（如圖一一二、一一三，餘見第三篇第二章附註）

　　四、玉人頭（如圖一一四）：本器高約四・五公分，在陝西省神木縣石峁出土，初認爲本器爲商代早期之物，後依出土地層分析，當爲龍山文化晚期玉雕，也是陝西龍山文化出土玉器中比較有名，也比較引人爭議的一個器形，綜觀本器，爲乳白色材質，局部有褐色浸蝕，體呈扁平，作出一個側視的頭像，以陰線鉈出的大眼，比例略大，頭頂以髮髻象徵頭髮，鼻、口、眼的相對置還合理，但爲配合平面雕立體形，把耳移向腦後，確爲神來之筆，頭下用一凹線顯示頸部，原介紹：「嘴角處有一面穿圓孔一個，可供佩懸用。」基本上，筆者認爲：前文對本器的介紹，嘴角單面穿出的圓孔，是作佩繫用，是認同的，但是仔細分析，以重心比例研判，若佩飾，則面像必呈倒吊狀，在各新石器文化中（包括世界各地），幾乎都沒有把人面（或神面）

紋飾雕出後，倒著頭朝下佩掛的；所以雖認為本器是供繫掛的玉人頭，但依器形的整體考量，應該只是全像的頭部，插綁或漆粘，連接在其他材質的身體上，而頸部略作成榫狀，似可證明。

（圖一一二、一一三）這兩件「玉璇璣形器」是台北故宮博物院所藏，從此二圖比較，即可知道這類器形，可概括分成兩類：㈠為大件（上圖）此器外徑達十三公分；㈡為小型品（如下圖）外徑僅四、五公分。二者造型相近，小者可能作為佩飾，大者則用途不明。

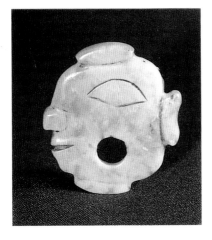

（圖一一四）本器呈乳白色，以眼形雕
工分析，鉈痕略顯頓折，故材質硬度可
能較高，本器很可能爲我國第一件白玉
人形雕；有人謂：此器雕工圖案粗俗；
筆者不作如是觀，因爲這是以平面雕立
體，並誇大面形唯一的作法。另本器口
眼處有土染現象，而眼的下陰線中間，
有一空白似無土染，此爲土垢剝離所生
品相，可作古玉鑒別之參考。

（圖一一六），此類器形爲「鬶」，
材質爲夾砂白陶，這也是龍山文化重要
器形，但筆者所要強調的是：器身上的
乳丁紋，器柄（又名鋬）上的絞絲紋，
都是爾後玉雕的重要紋飾；我國紋飾藝
術在史前各地區都有一定的源流，因陶
易雕易作，所以多先出現在陶器上，只
是略適合玉雕，爾後幾乎都在玉器中出
現。

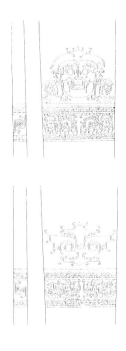

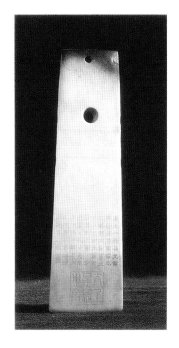

（圖一一五）此器爲台灣故宮博物院收藏，沒有明確的出土資料，但是可以確定的是，出土已在三百年以上，因爲<u>清</u>高宗乾隆已作詩琢刻，從整體風格研判，應確爲龍山文化遺物。

第十四章 ⊹ 卡若文化

　　卡若文化是在我國西南邊陲地帶的一處重要史前文化，因為最初在目前的西藏自治區昌都縣城東南十二公里處的卡若村發現遺址，故而得名。依據出土資料作碳十四的測定，距今大約在四千年以上，是一處新石器時代的遺址，在出土的文物中，有大型的打製石器、磨製石器與細石器，及一些陶片、陶器，陶器出現有夾砂黃陶，繪以黑彩，器形奇特，為其他史前文化所無，確為獨立發展而成，故而命名為「卡若文化」。（著者按：有許多不明就裡的人士，將卡若文化，寫成卡約文化，是完全不對的，因為「卡約文化」是另一處史前文化，首先在青海省互助土族自治縣的卡約地區發現的，以夾砂紅陶為主，年代較近，規模較小，據知，該文化區域主要分佈在青海湟源縣境內）

　　曾有學者認為，依卡若文化所處的位置來看，在史前造山運動以後，我國舊石器時代原人與印度地區的舊石器原人，可能存在某些關連，因為僅是推測，而且時空是如此的遙遠，在沒有具體證據前，我們很難作結論；可是，在我們長久認為不毛之地的西藏高原，居然出土了新石器時代文化遺址，確使我們對已往我國西南邊陲的認識，作了一些修正。卡若文化除出土石器、陶器外，還出土了骨器，更特殊的是，也伴隨出土了一些美石製品，例如：

　　一、石斧（如圖一一七）：這是相當有名的一張圖片，原介紹為玉斧，長者約二十二公分，短者約五公分，材質為青綠色，溫潤有光澤，略有透明感，器表有深褐色浸蝕，是一九七七年在西藏自治區昌都縣卡若村出土，二器均作長扁形，四邊磨出稜角，長的一件是雙面磨成刃，類似鑿形器；短件為一面磨刀，似「碎」而略短；都有明顯

（圖一一七）從玉器文化的角度來看，玉、石器工具，是很難劃分出一個界限，尤其玉器入土受沁，加上土咬、土蝕，更難分辨，若從材質的優劣來分，既沒有標準，也可能因偶然的美石而錯認，就如同本圖一般；所以，玉器文化中的玉器，首先要有「寶愛」的現象，也就是工具無使用痕跡，為先決條件。

的使用痕跡，當可確定爲實用用器。筆者依目視檢驗此二器，材質當不是蛇紋石鮑紋石之屬，因爲蛇紋石屬入土千年，較易現白沁蝕，故此器應爲角閃石類，且依此二器材質略見黑色斑點的現象，研判當爲軟玉屬中的靑玉，是否爲玉礦個別露頭，而爲先民所採用？筆者尙不敢確定。雖然材質如此，我們也有「美石爲玉」的說法，筆者仍認爲，只宜稱此二器爲石工具，因爲我們從相關出土資料及器物本身，都看不到有寶愛、珍惜玉器的現象，所以這支史前文化，從這兩件斧形石器的出土，只能證明玉器文化還沒有形成，而此二器也是選材較佳的石器工具。

筆者曾見幾件收藏，擁有的主人都以禮器拱藏，寶愛珍貴異常，實則是新石器時代的工具，因爲我們常低估了史前先民使用工具的材質，以爲只有粗礪石頭而已，遇此情形，筆者均直言不諱爲「石工具」。這些上古遺留下來材質優美的石工具，特徵是造型單純，刃口有使用痕跡，器身常有剝裂之傷。因爲有相當年代，當然有收藏價值，且對田野考古出土的類似器形，有比對的用途，但若以禮器視之，花費鉅價收藏，是否値得？筆者即不便直言了。

（圖一一八）本器爲早紅山文化遺址出土，材質爲老岫岩玉，據稱此器出土遺址，據今至少六千年以上，可能比紅山文化還早一些，雖材質甚佳，但從明顯的斧端使用痕跡，顯示該時先民還沒有寶愛、珍習玉器的現象，所以，筆者可以大膽的預測，此時玉器文化還沒有形成。

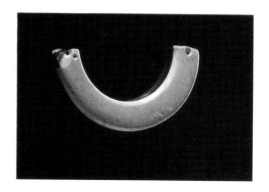

（圖一一九）本器爲殘鐲重鑽而佩，因爲此器兩端的裂痕仍在，與器表加工打磨的精細不成比例，但已現寶愛的現象（否則不致鑽孔重佩）；所以，當我們分析史前玉器文化時，這種心態所表現出來的行爲，是很重要的一個指標。

　　（二）玉璜（如圖一一九）：本器與前二器，同是一九七七年在西藏自治區昌都縣卡若村出土，橫寬九・一公分，肉寬一・六公分，厚約〇・八公分，材質呈青灰色，當爲蛇紋石質，原文說明：「體呈半瑗形，剖面作橢圓形，兩端各有小圓孔，其中一端似有鑽孔破裂，又重新鑽孔的現象。」。有關「璜」的起源，有專家稱爲仿「龍」，也有人認爲仿「虹」，但筆者認爲，這似乎將問題複雜化了，也是受到「六器」先入爲主的觀念影響，在研究某些玉器形制時，我們偶然該丟掉些文字障，例如「璜」的起源，我們爲什麼不把他看成早期佩飾玦、環斷裂後，鑽孔繼續佩掛作爲源起呢？在馬家濱文化晚期、河姆渡文化，我們都似乎看到這種現象，到了崧澤文化，完整的璜形飾就出現了。在原介紹中稱：「玉璜最早在長江下游諸新石器時代文化遺址中發現，半坡遺址亦見類似的器物，但數量不多，此器的製作年代，雖比上述地區較晚，但在西藏地區尚屬首次發現，說明當時長江和黃河流域，與西藏地區的原始文化有一定關係。」，筆者翻遍有關資料，還沒有找到長江和黃河流域，與西藏地區原始文化有交流或來往的跡象；如若以此器作爲證明，筆者可以直言，是差之毫釐，謬之千里了，筆者可以認定，本器是一隻半圓的殘鐲，經重鑽孔佩飾，此與中原地區的殘器重鑽使用是巧合，恐怕不是有關係，因爲從此器的橫寬長度，兩端裂痕未作修整，鑽孔的位置來觀察，應該是殘鐲無疑。

第十五章 ✦ 馬家窰文化

（圖一二〇、一二一）本器右圖為「彩陶漩渦紋尖底瓶」，在器形上，與左圖仰韶紅陶小口尖底瓶是一脈相承，這類器形尖底鼓腹，腹上兩耳可繫繩，入井汲水，此類器形在接觸到水面時，不會飄浮，而會因重心自動下沈汲水，水滿則器直，不致喪失裝水空間，為我國仰韶文化中，既美觀、又符合科學原理的實用器。由此二器，可以看出仰韶文化與馬家窰文化的關係，但是馬家窰文化獨自發展出來的一些紋飾，像本器的漩渦紋，卻為其他的地區所不見。所以，彩陶上獨特的紋飾，為馬家窰文化的最大特色。

　　馬家窰文化是目前在考古學界爭議比較多的一支文化，因為從遺址出土的各類石、陶器形分析，可以確定是受中原仰韶文化孕育發展出來的一支史前文化，所以早期學者把他命名為「甘肅仰韶文化」，年代距今約五千年到三千七百年間，延續的時間，自仰韶文化中期跨越了龍山文化，所以也有學者堅持，應該把他納入龍山文化系列；到近年，因為紋飾特殊，具有地方色彩的陶器不斷出土，使學者們逐漸承認，甘肅地區包括部份青海的眾多遺址，應該可以單獨作為一個文化區來研究，方正式命名為「馬家窰文化」。

　　筆者認為，不論源起如何，黃河流域上游的甘肅、青海一帶，在

新石器時代後期，文化已經相當發達，尤其在豐富的陶器紋飾上，他自行發展出的一些圖案，是其他文化所難見，特別是這些紋飾在溶入中原文化後，對三代玉雕的邊飾與圓雕造型，都有廣泛深遠的影響，所以特列一章以爲介紹：

　　馬家窰文化雖然也有一些玉器出土，大件的如璧，素面琮……等，也有一些小件的管、珠、墜……之類，但與我國東部沿海的其他文化比，雕琢旣不工整，選材也不夠精美，並不能作爲文化特色，但是陶器就不同了，尤其是彩陶部份，據統計，陶器中的生活實用器，彩陶就占百分之三十以上，隨葬品陶器中，彩陶器更占百分之八十以上，在新石器時代各地區的陶器文化中是相當凸出的（比率最高），而且器形優美，色彩鮮艷活潑，依據出土地區，各有不同的特色，故而我們把他劃分爲三種類型：

　　一、馬家窰類型：他的全名應是「馬家窰文化馬家窰類型」，方不致使人混淆；首先發現於甘肅省臨洮的馬家窰地區，他的陶器特色是：手製，用泥條盤築法，而彩陶更具匠心，器底多以橙黃色爲主，上繪黑彩，也有黑白兩彩加繪紅彩的，紋飾具有對稱均勻的風格，波紋線運用比較多，但是漩紋的組合最流利生動，勾捲自然，結構巧妙，富有一種自然動感的韻味，這種漩渦紋確是自行發展而成，具有原始粗獷的美感。

　　但是馬家窰類型陶器中最有名氣的，卻是於一九七三年在青海省大通縣上孫家寨墓葬出土一件、口徑二十八公分、高十四公分的小平底鼓腹盆，這件小盆材質是細泥紅陶，大口小底的盆緣內壁，劃了每組五人，共三組的舞蹈者，中間隔以弧線紋及柳葉紋（如圖一二二）

（圖一二二）本器爲小平底鼓腹盆，器內繪舞蹈紋，爲何繪在器內？紋飾上的意義？人體上是何裝飾？爲何以弧線與柳葉紋間隔？我們都不知悉。但此器確是研究馬家窰文化的重要資料；比較值得我們注意的是，此器的間隔紋飾爲玉雕所吸收運用。

，這幅圖案設計巧妙，造型奇特，曾引起許多學者的研究，但是結論卻很紛紜，有人稱為是狩獵之舞，有的依舞人的頭飾、大腿飾，認為是將自己扮成動物圖騰，也有的認為人體下部斜凸出物，是生殖器，表現在跳裸體的禮儀舞……等，還有人認為：盆中裝水，至畫面下緣，水動圈晃，可營造出湖邊舞蹈，湖水蕩漾的意境，也有人認為盆中置火，則可有圍火而舞的熱烈氣氛。姑不論何家所論正確，值得注意的是，這件彩陶器紋飾上，出現的凝渦紋、葉紋、弧線紋，爾後都引用到玉雕上。

二、半山類型：在器形上出現有雙耳大罐，造型渾厚凝重，常為國外考古資料引用，為我國史前陶器的代表之一。在紋飾上，則發展出對稱的四大圓圈紋，四大漩渦紋及胡蘆形紋，並多量使用鋸齒狀圖案。對我國玉雕紋飾也有直接影響。其中，最具藝術價值的是，半山類型彩陶紋飾的結構，已經與器形混合在一起設計，許多陶器從正視、俯視、側視，都有很好的藝術效果，這種把平面紋飾轉化到立體器形上的藝術造詣，西方到西元五世紀前後才能達到。

（圖一二三、一二四）此二器的器形，為馬家窯文化半山類型的代表，均為「壺形器」，因為紋飾瑰麗複雜，故而命名各異，但從此二器的紋飾結構中觀察，馬家窯文化先民紋飾概念的形成，應不是憑空捏造出來的，似應有所本，筆者研究多年，認為：與石器中的化石有關，在史前紋飾中，一些隱藏在石器中的化石圖案，經先民模仿，移用在玉雕石刻上，而在馬家窯文化，則大量移用在陶器紋飾上，造就了這支文化的特色；相信這就是馬家窯文化陶器紋飾，造型特殊，構圖巧妙的原因與源起吧！

　　三、馬廠類型：因爲首先在青海民和縣馬廠塬發現而得名，器形以雙耳罐及單把帶流罐爲代表，紋飾則以極粗、極細的線條，搭配成嚴謹、規整的圖飾，最令人嘆服，尤其在幾何圖形紋飾的運用上，已到極端熟練的地步，到了馬廠類型後期，出現比較草率不整的人字紋、折波紋、擬蛙紋……等。陶器專家認爲：馬家窰文化至此，即逐漸由盛而衰；但筆者則認爲：其中一些紋飾，像可愛、單純的擬蛙紋，直可作爲我國逸筆畫的鼻祖，而玉雕因爲作工困難費時，一些減筆的雕琢法，也可能受到他的影響呢！（如圖一二五）

（圖一二五）本器爲甕形器，高五十二公分，在馬家窰文化出土陶器中屬大件器，爲泥質紅陶，上施白陶衣，並以褐色彩繪出一似蛙形紋與方格紋（但方格末端似出指），這件蛙形紋在自然界是看不到的，但是在化石中，因蛙骨的位移，則可能出現這種現象，不知是否正確？

（圖一二六）本器爲石雕鑲嵌人面像，據知材質爲白雲石，但己現美石風采，出土於甘肅省永昌縣鴛鴦池五十六號墓，屬馬家窰文化馬廠類型，出土在墓主骨架左臂附近，應爲隨葬品無疑，這件石雕，眼、口是以生漆貼骨環而成，鼻孔也略點生漆以示之，造型雖表現眞實，但與這支文化的陶器成就相比，顯然美石、玉器文化相差甚遠。

　　一般而言，馬家窰文化不論從遺址或墓葬的出土資料觀察，他當時的生活狀況和社會活動情形，與各地區的龍山文化是很相近的，在整體文化特徵上，也是承襲仰韶文化而成，所以本文不再贅言；但是特殊的是，在紋飾使用上，他活化了一些原始的幾何圖形，大膽發揮想像力，勾徹淋漓自然，發展出獨特的藝術風格，這在我國各地區史前文化中，是僅見的，尤其對我國家形成後的夏、商、周三代，銅、玉、禮器的紋飾發展，都有極大的貢獻，故而筆者特予介紹；但是，我們也應該有一個基本認識，那就是：在原始紋飾起源之初，或模仿天地山川的自然變化，或模仿蟲魚鳥獸，甚或各類編織物，基本上，在各文化區有一些是有共通性的，所以我們不必拘泥於某一紋飾一定起源於某一文化的某一件出土遺物，反而較能得到完整的概念；總之，馬家窰文化的彩陶藝術，對我國後期的紋飾，繪畫、玉雕都有重大的影響，則是不容否認的！

（圖一二七）馬家窯文化的陶器紋飾中，活化了一些捲渦、漩渦的結構，並且配置在立體的陶器上，也注意到正視、側視、俯視的美感效果，這種把平面紋飾轉化成立體效果的造型藝術，只有在我國東方的良渚文化獸面紋琮中可以看到，這兩支文化東西輝映，為我國造型藝術開啟了新的一頁，並且影響深遠。

第十六章　結語

　　中國是一個面積達九百六十萬平方公里，人民由五十六個民族構成的多元文化國家，在如此廣大的土地上，氣候溫和，土地肥沃，早期確是古人類活躍生活的地區，當進入新石器時代初期，因為弓箭的使用及磨製石器的廣泛製作，在狩獵、採集、鋤耕的生活必須條件，更趨於便利的環境下，使各地區的先民們，都逐漸發展出了自己的文化，這些文化形成的過程，沒有完整的見證資料，也沒有文字記錄，我們只能在不是很完整的出土資料中找線索，雖然在一部份古籍中有一些簡單的記載，如史記、五帝本紀中：

　　「庖犧氏沒，神農氏作，是為炎帝。」「教民耕農，故號曰神農。」

　　「軒轅之時，神農世衰，諸候相侵戰，暴虐百姓，而神農氏弗能征。」

　　「黃帝乃徵師諸候，與蚩尤戰於涿鹿之野，遂禽殺蚩尤。」

　　但是記載這些文字的史記作者司馬遷，在五帝本紀最後一段卻說：「學者多稱五帝，尚矣。……薦紳先生難言之，……儒者或不傳……。」雖然，他是傾向於相信我國上古時代（新石器時代）有神農氏、五帝等人物，但是卻只能聽長老之微言，而缺乏具體資料，以太史公治史之嚴謹，對我國這一段明明存在，卻已無法具體形諸文字的史前史，也只有用五帝本紀一筆帶過了。

　　近幾十年，大陸學者在田野考古工作上，貢獻了不少心力，尤其對已往很多認識不清的遺址、斷代錯誤的文物，都作了詳細的比對與矯正，使不少地區的史前文化輪廓，更清楚的浮現了出來，雖然還不是很完整，可是已經可以讓我們建立一個較正確的觀念。

　　當然，近年出土資料的解讀，也還是有一些舛錯，如將新出土的遺址，冒然定名為「某某文化」，後來發現其內涵應該併入某一文化內。也有的統一歸類為一文化，後經反覆研究，應該一剖為二的。另也有錯將新出土的遺址，劃入不相干文化的例子。這些人為的錯誤，雖然瑕不掩瑜，但是常出現在考古資料、文刊中，也給我們帶來了不少困擾，筆者認為：大多數讀者既然都不是專業考古人士，只要對地域文化的開展，作一個概略的瞭解，對各地區文化內涵，有粗略的認識，也就夠了。

　　以我國整體地理環境來分，在新石器時代的先民們，因為環境的差異，在我國發展出了四個類型的文化區域，那就是：

　　一、環繞我國北、西部的「草原畜牧文化區」。（約為細石器文化的區域）

　　二、黃河上、中、下游，及其流域分佈的「旱生粟作農業文化區」。

　　三、長江沿岸的「濕生稻作農業文化區」。

　　四、沿河口、海岸分佈的「貝丘漁業文化區」。

　　基本上，我國新石器時代的遺址，是脫不開前述四個區域類型的，可是除了地理環境所造成的差別外，自發文化啟蒙的早晚，彼此交通融合的快慢，也演變出有差異的地區特色，依蘇秉琦先生的見解、主張，可以劃分為六個分區：

　　一、燕山南北、長城地帶為中心的北方。

　　二、以山東半島為中心的東方。

　　三、以山西、陝西、豫西為中心的中原。

　　四、環太湖為中心的東南部。

　　五、以環洞庭湖與四川盆地為中心的西南部。

　　六、以鄱陽湖連接珠江三角洲為中軸的南方。

　　這樣分類，的確是相當中肯而簡潔的。

　　並且從已出土的資料告訴我們，中原並不是發展最早、最快的，因為，近年發現在東北遼河流域的海城小孤山遺址，據測定，距今約為四萬年前，就已經出土有，用兩面對鑽法作成穿孔的骨針、及帶有倒鈎的骨製魚鈎，時間比山頂洞人早，但是卻更進步。另外，以新石器時代而論，距今約七千年前，紅山文化遺址中祭壇、神廟、大冢的出土，也表示這一支文化，在各區域中是比較進步的；此外，在其他各區域，也因為自行發展，相互吸收影響，產生了不同的區域文化特色，如環太湖為中心的東南部，高超的製玉技術；南方一帶的幾何印文陶……等，都對我國文明的形成，貢獻了不同的力量。

第十七章 ❖ 新石器時代與玉器文化的關係

近年，筆者嘗言，台灣與大陸文化交流，是處於相對的弱勢，就以考古資料來說，台灣所握有的，只有台灣一個地區而已，並且相當貧乏，可是大陸就不同了，不但資料多，而且是全面性的，第一手的，在台灣若想對我國上古文化作些瞭解，就必須引用大陸資料，別無他途，但是政治上的對立，一直影響著這類交流活動，在台灣面臨的障礙，還是存在的，可是，在取得有關資料後，同樣的有困難，因為大陸近幾十年政治結構特殊，以政治左右學術的情形，也是存在的，所以常在出土資料介紹上，加入了一些政治觀點的闡述；例如：談到新石器時代，多會引用到恩格斯的歷史哲學著作「家庭、私有制與國家起源」，以「財產公有制」「階級對立形成」「奴隸占有制」……，來解讀出土的新石器時代考古資料，如果是站在純學術的觀點上來檢討問題，產生不同的見解，本是正常的，也可以從中歸納出合理的結論，但是若僵化成惟一的思維模式，那就太可怕了，而且，這些田野的出土資料，也決不是一言堂就可以拘束得了。茲以玉器為例，不論紅山文化、河姆渡文化的小件飾品，甚或山頂洞人遺址的塗朱石珠飾，我們都可以看出來，最原始、簡單的石（美石）製佩飾，就是我國玉器文化的起始與源頭，如若用唯物史觀來分析，佩飾走向精美，甚至美石，供自己裝飾，我們怎能把那個時代歸類為氏族公有制呢？私有佩飾，不就是私有制的現象之一嗎？

所以，就玉器文化而言，筆者對新石器時代的玉器有一些看法，是其他書籍中所未曾提出來的，茲臚列於後，以供方家參考。

一、我國玉器文化的形成，是舊、新石器時代發展過程中的必然現象，從千百種田野考古的出土資料，我們都可以看到證據，這是毋庸置疑的，並且美石製佩飾，為我國玉器文化的起源，在歷經神話、原始宗教、政教合一……等的沿用，加上作為政治的信物、財富的象徵後，再由儒者賦與人性、道德的比附意義，使我國玉器文化連綿不斷的發展下去；時至今日，玉器在我國，又回到了以佩飾為主要用途的最原始起源定位，實在讓我們研究玉器文化的人感到訝異。（讀者不見，今日仕女所配帶的玉鐲、翠飾，那裡還有宗教、道德的比附意義，不是都以求美為目的嗎？）

二、從原始美石製佩飾，作為我國玉器文化的起源，我們無法確

定那一個文化的那一個器形是源頭，因為從出土資料中，我們可以看到，有很長、很長一段時間，美石飾品與石飾品是雜然並存的（甚至可以上溯到舊石器時代），這些資料也告訴我們，這種現象不只是選材能力的問題，也包括了當時習俗、風尚與審美觀念，而這些都不是現代的我們，可以用理性來作分析的，就像我們無法想像紅山文化的先民，偏愛蛇紋石（岫岩玉）超過水晶、瑪瑙。所以，強欲用某一文化的某件美石，來標定是我國玉器文化的起源，是沒有意義的。

三、我國玉器文化起始於個人簡單的佩飾，如管、珠、墜……等，但是該時也正是原始宗教興起的階段，個人寶愛的東西，「或獻與神」（？）「或為神賜」（？）「或只配神使用」（？）等，在各種不同的宗教涵義與宗教儀式中，玉器與宗教結合了，雖然，在各史前文化區中，這種結合的程度，並不盡相同，但是玉器也就在這個時候，開始跳脫純裝飾的意義，這也就是，在世界許多史前新石器時代，初期都有以美石為裝飾，但是卻沒有發展成長期延續的文化，最關鍵的地方；而在我國，進入青銅時代以後，石器製品、石器工具都逐漸減少、退出，以至於消失，但是玉器卻能留存下來的主因。

四、曾有學者引用越絕書胡風子所言，稱：在石兵時代與銅兵時代，中間還有一個以玉為兵的時代。有關此點，筆者認為是不可能的，因為我們姑不論越絕書是一本多麼不可信的偽書，也姑不論胡風子引用傳說有幾分可靠性，而以務實的經驗來看，就可以知道，以玉為兵器是不可能的，因為戰爭是力的競爭，玉兵器是經不起陣仗；而石兵器可用，雖然他也有玉的缺點，但是材料來源不虞缺乏，銅兵器也可用，因為它較韌，而且銳利，可是玉器就不同了，他是沒有作為實戰兵器的條件，因為不但原料稀少，而且容易在戰場上損傷（可是作為兵器儀仗，則另當別論）。此外，我們在已知的各地史前文化遺址中，也從沒有出土過大量因戰爭斷裂損傷的玉器，反之，精美材質的玉兵器、工具，大多數都沒有使用痕跡，這不但告訴我們——以玉為兵的玉兵器時代是不可能存在的，即使少量以玉作為兵器，也是僅供儀仗陳設，或象徵信物為用途。

五、新石器時代玉器的器形，與地區文化有不可分割的關係。因為任何一支史前文化的發展，都有一些特定的環境因素在左右他，例如：地理位置、環境生態，都是很重要的一部份；另天地山川、日月星辰的變化，動物、植物、河川生物的繁衍生息，都能提供原始文化的創作者一些靈感，並藉著他們心裡的感受，投射在各類藝術品上，

形成這個地區文化的內涵，而作爲文化內涵一部份的玉器，當然不會跳脫出這個範圍而獨立發展，所以，筆者認爲：要成爲一個玉器鑑賞家，必須從讀史開始，若爲史前文化，則多研究田野考古資料，捨此之外，眞的別無他途，筆者曾遇到不少所謂玉器專家，三皇五帝唸不全，商、周文化特色也不甚了了，整日以放大鏡教人看玉，並且大言不慚的斷此爲新石器時代！彼爲夏、商之物！眞不知道他是如何從放大鏡中看出來的。雖然，也有一些藝術史學家，反對用史學的方式來討論藝術品，對其他藝術品而言，筆者是深爲贊同的，但是以玉器與我國文化盤根錯結的結合了數千年，而且結合的是如此之深，我們不能把玉器當作單純的藝術品來看，才是正確的。而且，以史前時代而言，陶器多爲日常實用品，卻常爲史家所討論，但作爲象徵最珍貴材質的玉器，卻常被忽略，這是很不可思議的。

六、新石器時代各文化遺址出土的玉器，都有他的區域特色，雖然我們在石峽文化中看到類似良渚文化的玉琮，曾在大溪文化中看到類似仰韶文化的玉璜，這些都是個別的特例，在前文中我們也都作了一些瞭解；但是我們若用宏觀的角度來觀察，各地區新石器時代的玉器，確有自己的風格；筆者曾記得在某一本藝術專書中有一句名言：「……大部份的藝術品，都是爲某些特定的地方所創作的。」筆者也是用這種概念，對紅山文化等一些玉器作解讀，雖然自認不盡完善，但相信這個方向是不會錯的，如果我們把新石器時代玉器文化，脫離宗教環境、文化內涵，只憑圖片看東西，那你所看到的，只可能是古玉圖考所介紹的器形，或「用途不明配飾」「外方內圓形器」……了。

七、許多新石器時代玉器，我們決不能只用現有的形制來分析用途，因爲從很多資料顯示，我國從舊石器時代後期，就已經有使用複合工具的現象了，而自新石器時代開始，各類工具、武器、生活用器，以兩種或多種材質複合使用的情形已經很普遍。茲以仰韶文化出土的「鸛銜魚紋彩陶甕」爲例：這是我國目前出土最早，繪有複合工具的第一手資料（如圖一二八），這件於一九七八年在河南汝州閻村出土的仰韶文化彩陶器，高四十七公分，徑三二・七公分，是一個甕棺，其上繪有一隻鸛，口銜一條大魚，旁邊則繪有一把帶柄的石斧，一般新石器時代的石斧，我們所見甚多，可是複合完成的樣子，並且把當時的形式，忠實的描繪出來，則僅此一件。從圖上觀察，石斧部份是標準的仰韶文化石斧形制，斧柄則不但明顯的加工過，而且加工的

（圖一二八）

頗有藝術性，木柄頂端是用鑿四個小孔的方式，來安裝綑綁石斧，下端手握之處，刻有細的菱紋，當是用來防止手汗濕滑，柄尾部則刻成較木柄粗大的方塊，可以防止使用時，因手握不牢使整斧飛脫，這是有明確出土資料的一件新石器時代石工具的圖形，在沒有看到這個圖形之前，我們不可能想像到，先民是如此智慧的製作一把石斧，也不可能想像到，在五千年前，先民已經用經驗瞭解到一些很先進的物理原理，而使用在斧柄的設計上。

　　所以，雖然玉器不朽，可是那些複合的工具、宗教用品、儀仗、配飾……等的其他部份，可能是竹、骨、毛、皮、角、牙，則多已隨時間風化了，而當玉器出土，我們只憑現有的玉形分析用途，考證形制，自然會鬧出一些笑話來，可是有關複合用具的復原，的確是一個難題，我們除了要有正確的認識外，只有靠更多的田野出土資料，及其他相關文獻來參考解讀了。雖然筆者不敢妄作猜測，可是依複合器的道理，龍山文化玉人頭可能有其他材質作身體，應該是正確的解讀。（參考圖一一四）

　　八、新石器時代文化的許多紋飾起源，雖然來自不同環境的觀察與創作者本身的感受，可是從石器本身所提供的資料，則是更不容忽視的，目前有關史前文化紋飾的起源，已有許多學者、專家著作成書

，也的確有許多真知灼見，筆者無意再作贅述，可是筆者認為：在這許多紋飾起源研究的專著裡，全都忽略了石材可能顯現的圖案，因為在那個「以石為兵，以石為器」的時代裡，人類除了本身基本需要外，接觸最多的就是石器了，目前我們常看到一些古生代、中生代、新生代的動物化石，距今都在百、千萬年以上，如海膽、三葉蟲、菊石、貝殼……等，甚至植物化石的草葉、樹幹，在每日都需磨製石器的新石器時代（距今約一萬年以內），出現在石料中，會給我們先民什麼樣的啟發呢？從馬家窰文化的彩陶紋飾中，筆者似乎已經看到了一些影響的影子，例如鋸齒狀的圖飾……等，但是限於篇幅，不便在此詳述，惟僅以玉雕中卷雲紋為例，因為在自然界，很難形成這種雲形，所以一般學者都傾向於，源出於水流的漩渦，而且認為漩渦有極大力量，先民無法理解，基於敬畏崇拜的心理，於是形之圖形，這個說法，普遍受到學界承認；但是筆者卻存疑，因為水是新石器時代先民每日不可缺的，使用陶器裝水、搬水、倒水，很容易生成漩渦，而知道生成的道理也不難，只要手在水中一攪，即可形成，這種與人們生活息息相關的經驗，是不會被人們所敬畏的，他一定還是另有起源；如果我們想像，先民在磨製石器時，磨出來一個個菊石化石平面，出現在石材上，不就像一個個卷雲紋嗎？先民不知道形成的過程，也不知道為何如此，可是紋飾卻在石頭裡，於是模仿刻在石器、玉器上，並不是不可能的，筆者用這種方式，對早期的紋飾作一些比對，確有所得，而且看出，不只限於化石，許多自然形成的石紋，對我國原始藝術都有影響呢！可是許多年來，從未見專家在這一方面作研究，確是奇怪。

　　九、有關以玉殉葬的起源，是承襲以石工具、日用陶器隨葬的習俗而來，從前述的許多田野考古資料中，我們可以很清楚的看出來，而這個隨葬習俗，則是與自發的原始信仰有關，目前我們可以分析出來的是：早期先民們對死亡的認知是，人死了，是要到另外一個地方去，因為是想像而成，所以認為那個未知的地方，和現實的世界生活方式是相同的；所以，在隨葬中，都是放入死者的個人佩飾、日常用品及實用工具，例如：男子墓葬以陶器、刀、斧、鏟為主，女子則為陶器、鏟、鐮、磨、紡輪；而且男、女、小孩墓中都可能出現骨、石、牙類的佩飾（這是早期的習俗，佩飾無分男、女、大、小）；後來，逐漸開始有新器（未使用過的陶器、兵器、工具）隨葬，當然，我們仍可以把它當作是正常需要的備品，所以，在這一個階段，我們仍

看不到，賦予玉石器有斂屍的意義。

可是到了新石器時代中期，我們看到一些墓葬儀式化的現象出現了，例如：隨葬品精緻特殊，隨葬品有固定的陶器組合，陶器上有專為隨葬的器形與花紋；而且在個別的大墓中，沒有隨葬品，卻有很精緻的墓飾，比較特殊的是仰韶文化墓葬中的「蚌殼龍虎圖」，這是在河南省濮陽縣西水坡仰韶文化遺址中發掘出來的，共有龍、虎、鹿、熊的四組蚌圖，呈南、北一字排列，以第一組圖為例，在男性墓主骨架的左右，各以蚌殼砌貼出一龍一虎，頭向與墓主相反，作飛躍和奔馳狀，墓中雖沒有隨葬品，但蚌圖卻製作的極具匠心，材質全是未加工的河蚌，一般凸面向上，眼睛則選用較圓的蚌殼凹面朝上，使眼睛能較生動，獸牙與獸爪則選用長尖的貝殼，這些藝術的表現方式，顯示這幅圖決不是偶然的即興之作，它必然和墓主的死亡與墓葬有關，目前有學者推測墓主可能是氏族領袖，也有人認為，墓主是不具財經地位的巫師，所以沒有隨葬品；到現在還沒有定論；筆者認為，在我們對該時期的宗教、信仰還沒有確實瞭解之前，作任何推測，都不會有結果的；可是這幅蚌圖卻告訴我們，由原始的信仰、迷信，在這段時期，已經逐漸轉化成有儀式的宗教了，同樣的，在這個階段，大汶口文化中的大墩子墓葬，有將石環置放雙眼，而崧澤文化中墓主口中出現玉唅，也就在這個時期，開始賦與玉石器有斂屍的意義，可是這一段進程，因為我們對原始宗教的內涵所知極為有限，目前還沒有辦法解開這個環節的謎底。

十、新石器時代玉器，常散見於各朝代，在多年前，從吳王夫差墓中，出土一件改雕的良渚文化玉琮，要不是獸面紋飾的特徵，相信不少人一定認為是有正確出土資料的戰國時代玉器了；同樣的，漢中山靖王劉勝與其妃竇綰的墓，在河北滿城縣出土，其中有兩套完整的玉衣，不少玉片也看到古玉改雕的痕跡。

以夫差與劉勝富甲一方的狀況，為什麼還要用改雕玉器呢？這除了當時玉材珍貴外，玉器不朽的特性，也提供了有利的條件，因為任何易朽不易保存材質的珍品，很難在後世看到改雕改作的；而且，從各種文獻資料顯示，我國蒐集古玉的習俗，形成也很早，大約在新石器時代後期，以玉器交換商品，或將出土玉器再佩掛的情形，就已經發生了；這是田野考古文物中，比較難分辨的一部份，但是我們必須要有這個認識；因為出土資料不會說話，而在習慣上，我們又認為田野考古出土的東西是絕對的證據，可是，對不易朽壞卻又珍貴的玉

器而言，常可能會有不同的意義。

十一、有關新石器時代玉器雕作的技術問題，我們目前已可確知玉石的製作，源自於石器的製作，而製玉的技術，也是源自於製石，只不過玉石更堅硬，須費更多的人工，在我國記載最早的製玉文字，是詩經"淇澳篇"：「如切，如磋，如琢，如磨。」雖然如今，我們用切磋、琢磨來表示友朋互相砥礪的形容詞，實際上，他卻是玉雕的正確製作過程：「切」，即解料，一般用無齒的鋸子，韌絲，或圓盤加解玉砂，將玉材分開；「磋」，則是指用圓形鋸盤蘸解玉砂，製器成胚；「琢」，則是指用管、桯、錐等工具，作雕花、鑽孔；「磨」，則是指製玉的最後一道程序，用精細的木片、牛皮或葫蘆皮……等，沾細的解玉砂漿（又名珍珠砂漿），把製成品拋光，使玉器顯出凝脂般的溫潤光澤（另見導言，有關製玉的工具與設備）。目前，我們對新石器時代製玉工具的形式和相關設備並不是很瞭解，可是依近幾十年的出土玉器觀察，這些基本程序，在當時都已經廣泛的使用了，並且在雕工刀法上，不論陰線、陽線、鏤雕、透雕、壓地、減地、雙鈎……等，都已經在新石器時代玉器中燦然大備。而且在某些個別地區，相玉、劃活（根據構思，在玉器上劃出草圖）的設計技術，也都建立了很完整的觀念；否則，像良渚文化獸面紋玉琮上的獸面紋飾，是不可能製作出來的。

十二、有關新石器時代玉器選材的問題，我們很難一概而論，因為各地區的差異很大，我們若用說文解字：「玉，石之美者」來定義，可是「美」的含義也是很抽象的，所以我們只有以特殊、稀有的石類來歸納，可是仍然極為廣泛，如：綠蛇紋石系（鮑紋石，岫岩玉）、角閃石、透閃石（眞玉）、次生石英岩類（東陵石、密玉）、綠松石（土耳其石）、薔薇輝石（粉翠）、孔雀石、大理石、瑪瑙、水晶……等，大體言，各史前文化區對玉器選材，既重視花紋，又重視美感，也重視硬度，但是卻還是存有差異的地區選材特色，像紅山文化極偏重岫岩玉，而此類玉材硬度並不高。又如良渚文化偏重眞玉，材質優美的多刻成玉琮，及與獸面紋有關的器形，而玉璧、玉環及珠、墜、管等佩飾，選材則普遍不佳。如果我們用現代科學的觀點，來分析新石器時代的玉器材質特點：

　　㈠有感官上所能感受到的美感或特殊性。

　　㈡拋光後具有類似油脂、或玻璃、或珍珠的光澤。

　　㈢拋光後在視覺上有透明、半透明或似透明的感受。

(四)手感（觸摸感）良好，觸摸時有光滑、細膩、溫潤的感覺。

可是，這也只是一個籠統的歸納，某些地區特性因素，是沒有辦法說明解釋的，只有請讀者參考前述各史前文化的介紹了。

此外，我國美石多有別名、渾名，常使讀者混淆，所以一併在此介紹，但僅限於與新石器時代有關者：

(一)獨山玉：因為產於河南省南陽縣獨山而得名，又稱「南陽玉」，質地細膩，硬度高，拋光後有玻璃光澤，國外學者曾瞎稱其為「南陽翡翠」，玉質顏色以綠色、白色為主，也有紫、黃、藍或相間的雜色，通常為略透明或半透明；獨山開採玉礦很早，目前還有古代礦坑遺址上千個。龍山文化出土飾件，取材獨山玉者，占有一些數量。

(二)藍田玉：藍田即指陝西藍田縣，自古即因產玉而享有大名，但明代宋應星在天工開物中稱：「所謂藍田，即蔥嶺（崑崙山）出玉之別名，而後也，而誤以為西安之藍田。」但章鴻釗在石雅一書中，又否認了宋應星的看法，稱：「藍田自周至漢，地臨上都。」故其認為，藍田是玉石運到京師集中販賣之地，而非產玉之地，從此後，學者都支持這種說法；可是近年，地質學家在藍田發現了蛇紋石化大理石的原石，這種美石在蛇紋石化強烈時，則已變成我們所說的岫岩玉，並且認為，這就是古史所記載的「藍田玉」，這類美石有黃色、淺綠色等不均勻的色調，並伴隨有白色大理石；因為一九六三年曾在藍田附近發現舊石器時代遺址，並有「藍田人」遺骨出土，所以我們不能否認藍田玉在新石器時代被選材的可能性。

(三)信宜玉：又稱為南方玉，因為產於廣東省信宜縣泗流地區而得名，玉質上本質是蛇紋石，但是卻多含有金雲母、方解石、滑石、透閃石、綠泥石……等雜質，因為所含的雜質很複雜，所以出現的色系與岫岩玉不同，色調從暗綠色、褐綠色到花綠色都有，而且硬度也有很大的差別；信宜玉開採的歷史不詳，但是我們從石峽文化中，小型珠飾的綠色蛇紋石質來看，可能是當地的信宜玉所製。

(四)祁連玉：因為產在祁連山而得名，玉色暗綠，在材質上也是和岫岩玉相同，但是祁連玉多含有小黑點，比較容易分辨，在龍山文化出土的一些玉器中，有的具有祁連玉的特點。

(五)岫岩玉：因為礦物學家最早在遼寧省岫岩縣發現礦源而得名，簡稱「岫玉」，又名「新山玉」，學名則為「蛇紋軟玉」。從紅山文化出土玉器資料顯示，在新石器時代中期，岫岩玉已經被開採，是我國玉礦中開採比較早的，他的顏色相當多，包括：綠、深綠、黑、黃

、白、紅……等色系，其中綠色運用最廣泛。一般製玉者多把岫岩玉分為四類：

1. 蛇紋軟玉：即新山玉，目前常作大型石雕用材。

2. 花玉：綠色蛇紋軟玉中夾有紅、黑、黃等色的花紋。

3. 綠泥軟玉：有綠色蛇紋，但是因為材質突變，硬度變得很低，有的僅與滑石相同，故名「綠泥軟玉」，基本上，這一類石材已經不合乎玉的條件，可是卻很容易作偽古玉的浸沁與搜空鈣化狀態，所以在我國玉器史上也算是扮演一個角色；其實這類作偽是很容易分辨的，只要在「開窗」部份，一試硬度即可知。

4. 蛇紋石中夾雜有透閃石材質，俗稱「老玉」或「老岫岩」，因為有透閃石的緣故，在岫岩玉中是硬度最高的。

　　(六)綠松石：即現在所稱的土耳其石，又名「松石」；據石雅所敍，其原礦似松球，色近綠松，因而得名，在我國新疆、安徽、湖北、湖南、陝西等地都有出產，色調從天藍到翠綠都有，是在新石器時代中常被採用的有色美石。

　　(七)瑪瑙：是玉髓的一種，和水晶的成份相同，只是呈微粒狀結晶而已，因為本身所含雜質與生成過程有異，而產生不同的顏色與層紋，所以名稱又有：帶狀瑪瑙、苔紋瑪瑙、碧玉瑪瑙、珊瑚瑪瑙、水胆瑪瑙……等名稱，其中以紋理細緻，色呈艷紅者為上品，古籍中稱之為「瓊」。在新石器時代中，是較早被使用的美石，例如馬家濱文化後期的南京北陰陽營遺址中，就曾出土瑪瑙玉玦，因為瑪瑙硬度比白玉（透閃石）還高，史前時期是否具有如此的製玉技術，曾引起許多學者的討論、研究，筆者認為，南京郊區原為長江舊河道，上游瑪瑙原生礦，被江水沖刷，順流而下，經長期碰衝、破裂、磨擦，逐漸磨光，沈積在河道附近，就是我們現在常在市面上看到的南京雨花台的雨花石，學名是「瑪瑙礫石」，北陰陽營遺址出土的瑪瑙玦，很可能是史前先民揀拾雨花石就形作成。（如圖一二九）

　　(八)石英：為一系列的二氧化矽結晶，透明的我們稱為水晶，有紫晶、茶晶、墨晶、金星石……等分類，乳白色則稱之為石英，這類礦石非常多，而且粗窳相差很大，在新石器時代各階段、各地區，多有石英製成的佩飾或工具，但出土工具多有裂傷或使用痕跡，顯示先民對石英選材仍以石視之，可是在石峽文化遺址中，出現透明水晶磨成的小佩飾，則已經有選擇美石的現象了。

　　(九)螢石：他的學名是「氟石」，又名「軟水晶」，主成份為結晶

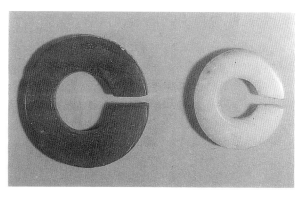

（圖一二九）本圖爲馬家濱文化所出土　　，這類瑪瑙材質的耳飾，筆者認爲：先
的玦形器，此類形式，呈扁體形，略呈　　民揀取瑪瑙礫石（即雨花石），就形作
黃褐色，在浙東出土的比例較高，但圓　　成的可能性很高。
厚的狀況並不劃一，由上圖參考即可知

的「氟化鈣」，有的含有微量的鈾，可以在黑夜中放射出微弱的綠色螢光，也就是古史所載「夜明珠」「夜光石」「放光石」的材質，螢石的硬度略差，本身較脆，純者無色，但若摻有其他金屬礦物質，則會產生綠、黃、白、灰、綠……等不同色系，易爲先民所採用；據礦物學家分析，浙江餘姚縣河姆渡文化遺址所出土的玉器，有一些就是「螢石」。

　　總之，除了前述我們所提到的一些新石器文化特色與出土玉器的特點外，個別文化發展的快慢，地理環境的限制，玉材質選材的偏好，及一些尚未出土的文化層環節（如原始宗教的內涵，圖騰紋飾的起源……等），都影響著我們認識這一段史前史時期，玉器發展的完整輪廓，但是，可喜的是，一些已往我們認爲是重大疑問的問題，在諸多出土資料的支持下，找到了答案，此外有些立論，雖爲筆者所獨持，目前也還沒有證據支持，筆者不敢說是完全正確，但是確已盡了一些心力，如仍有遺漏，則只有期待以後再作補充了。

【第三編】 國家形成期

第一章 ✦ 禪讓政治中的唐堯

　　尚書堯典等篇使我們知道，堯傳舜，舜傳禹，禹欲傳皋陶、皋陶早死，禹又欲傳皋陶之子伯益，這就是我國政治美談中的「禪讓政治」；但眾人感念大禹治水之功，共推大禹的兒子啟為王，再傳子太康，即廢除了禪讓制而變成世襲制，成為我國近四千年封建制度的開始。

　　我國歷代文人儒士，若言政治，必推崇唐堯、虞舜的禪讓，為我國政治美談，我們依史記推算，其時間距今約為四千年左右，應屬中原龍山文化的末期，在史記上曾記載：「帝堯者……其仁如天，其知如神，……能明馴德，以親九族，九族既睦，便章百姓，百姓昭明，合和萬國。……」在合和萬國的字義上，我們可以理解，應是：當時堯在許多氏族部落間，把自己的部落治理的很好，在不同的部落間，也能夠德服眾人，受眾部落的欽敬，大家都合睦相處。但是，我們也可以推敲出，在眾多的部落中，仍是主權獨立，各自為政的，否則太史公也不會以「萬國」稱之了。這種情形也符合龍山文化末期的各地社會組織形態，可是「和合」二字，也正表現出，自帝堯的那個階段起，我國史前文化正從氏族部落的社會型態，逐漸往國家形態進行中。

　　依據竹書紀年、史記五帝本紀、帝王紀等資料來印證：「帝堯陶唐氏，都平陽。」地點約在山西省南部。自一九七八年起，大陸考古學家在山西省南部的襄汾縣陶寺村發現了一處相當大的晚期龍山文化遺址，類似河南與陝西的龍山文化，可是又有一些獨特的文化特徵，為便於區別，特命名為「龍山文化陶寺類型」；依碳十四測定，其年代距今約四千年到三千八百年間，因為這處遺址相當龐大，歷次挖掘都出土不少遺跡、遺物，在己出土的一千多座墓葬中，據統計，僅有

十座左右是大墓，這些大墓，都使用相當好的木棺，隨葬品也很豐富，有彩繪陶器、木器、玉或石製禮器（如玉鉞、玉琮）、佩飾品（玉璜、玉環、玉墜），及用綠松石、蚌片鑲嵌的頭飾、頸飾、臂飾……等。並有整隻豬骨架出土（表示是用整隻大豬來殉葬）。另中型墓約占全數的十分之一，比大墓略小一些，可是也使用木棺，但隨葬品比大墓少，但一般也有十幾到二十幾件，另件隨葬有豬下頜骨。而其餘將近百分之九十的墓葬，都是小墓，沒有木葬具，幾乎也沒有隨葬品，偶然有，也只是一、兩件陶器。

在陶寺遺址（包括居址與墓葬）所出土的文物，依分類有：

武器與工具：包括有石製的斧、砭、鑿、鏟、刀、鏃。骨製的鏟、錐，陶紡輪……等。

陶器：有灶、罐、壺、盤、豆……等器形，可是在個別大墓有鼎與甗。

彩繪木器：因為木器已經腐朽風化，依據彩繪顏料（漆皮）所剝剝出的形狀，可能是案、几、匣、盤、豆、鼓……等木製品。

玉器：除璜、梳、頭飾、頸飾外；也有琮與鉞，這些大器都沒有使用痕跡，此外，沒有發現什麼特殊的器形，可是從琮、鉞形制玉器的出現來看，良渚文化中的玉器形制，已經融入中原文化了，並且深深的影響了中原文化玉雕，而且由這些大器沒有使用的痕跡來看，作為禮器或威權儀仗是可信的；但是在選材方面，我們仍可看到中原地區還是落後良渚文化一些，而且，這些器形都揚棄了獸面紋飾，筆者認為這是「神權的影響減低，君權的地位提高」所致。

除前述出土文物品外，比較特殊的是，出土了一件澆鑄而成的鈴型小銅器，這些現象綜合起來，我們很明顯的可以看到一些結論：

一、從墓葬中墓的大小，隨葬品的多少，可以看出統治階層與被統治階層，已經有明顯的區別，而當時一般人也屈服、認同這種環境。

二、琮、鉞等類似禮器的玉器出現，及墓葬的秩序，顯示出當時社會已經建立了一些社會制度與禮儀規範。

三、從彩繪木器的型類分析，當時的手工藝是極進步的。

四、鈴形小銅器的出現，顯示當時已經由新石器時代後期，開始過渡到銅器時代。

自從山西襄汾的陶寺遺址出土後，因為出土資料顯示出這處聚落的進步，有組織、又龐大；許多考古學家都想解開他身份的謎，經過

多年考證及與古文獻核對，有人認爲這處遺址極可能是陶唐氏的活動中心，也極可能是堯都的所在地平陽的一部份。初時，認同這個說法的人並不多，但是近年漸漸多了。

第二章 ⊹ 禪讓政治中的虞舜

史記中敍述舜是：「舜，冀州人也，耕歷山，漁雷澤，陶河濱。」

帝王世記中曰：「舜居蒲坂。」

史記中也記敍：「（舜）一年而所居成聚，二年成邑，三年成都。」

這是我國自有史書以來，第一次提到都市的形成，並且表示在舜的時代，已經有都市的型態了；如果史記的記載可信，那麼在舜時代的都邑遺址，應該是可以找到的，基於這個觀念，近年考古學家一直試圖尋找舜時代的文化遺址。

數年前，在河南省淮陽縣平糧台發現了一處古文化遺址，經陸續挖掘，出土了一些文物，因為是住居遺址而不是墓葬，故而出土文物並不是很多，主要以陶器為主，各類器物為：

陶器：以灰陶為主，偶有黑陶，紋飾有方格紋、籃紋、繩紋等，器形則有鼎、罐、碗、豆⋯⋯等類。

石器：從殘片中分析，約有斧、碎、鑿、鏟、刀、紡輪⋯⋯等類。

另有以骨或蚌製成的鑿、椎、鏃、鐮刀等，同時還發現了一塊長一‧三公分，斷面呈正方形，每邊約○‧八公分的綠色銅渣，經以陶器的形制作比對，應可歸類為河南龍山文化王油坊類型（因為這類龍山文化是首先在河南省永城縣王油坊遺址被確認的），屬於龍山文化後期，依據碳十四測定，距今大約為四千年到三千五百年間。

後經整個遺址挖掘，發現這處遺址是一座古城，平面呈正方形，長寬各有一百八十多公尺，城內面積廣達三萬四千平方公尺，如果連上城牆及附加的部份，面積則有五萬多平方公尺，從現在尚殘存的三公尺高的城牆來看，中下部寬達十三公尺，是用版築法夯築而成，南北城牆中段各有一道城門，貫通城內的南北主街道，城內其餘部份，則有長方形的排房，佈置很有條理，在城牆西南角的內側，曾挖出一個殺牛的祭祀坑，內有一大一小的兩具牛骨架，可能是當時舉行奠基儀式時所留下來的。由這座城市的建築與出土資料，我們可以分析出結論：

一、龍山文化以大蚌殼埋入房基，到平糧台的殺牛奠基，顯示中

原龍山文化對營造房宇已有一定的儀式，且對這種儀式有完整的宗教解釋，並爲大家所信服，繼而變成慣例，可是從埋蚌到殺牛之間，似乎還有一些環節是遺漏的。

二、基礎達十三公尺寬的夯土城牆，決不是少數人可以完成，可見已有統治者，並且很有權威，或命令衆人，或役使奴隸，長時間才修築完成。

三、從城內成排的房屋來看，居民一定有相當認同性與凝聚力，並且可能已有商業行爲與專業商人。

四、一小塊銅渣與大多數石器出土，表示仍處在石器時代，但是已經開始跨入銅器時代的門檻。

從這處古城址的出土，許多史學家查證古文獻中有關蒲版與冀州的確實地理位置，初步確定，河南省淮陽縣大約是舜都蒲版所在地，至於這處城扯，是不是蒲版，則還需要更多資料證明。

附註：在史記"五帝本紀"介紹到堯舜時，曾有一段提到玉器，故而在此作一說明，原文是：「帝堯老，命舜攝行天子之政，以觀天命，舜乃在璿璣、玉衡，以齊七政。」鄭玄注釋說：「璿璣、玉衡、渾天儀也。七政，日月五星也。」說文解字云：「璿、赤玉也。」前文的解釋大約是：「帝堯老了，命令舜暫時攝理國家政事，舜雖受堯命，可是猶自不安，於是用璿璣、玉衡的儀器，觀測天文，以爲貢獻。」爾後，陸續有人演繹說：「璣爲運轉，衡爲橫簫，運璣使動於下，以衡望之，是王者正天文之器也，觀其齊與不齊。」後來大家根本否定了「璣爲運轉，衡爲橫簫」的說法，因爲這是臆測之詞，毫無依據；可是到清末吳大徵作古玉圖考，即把有牙的璧形器稱之爲璇璣（即爲璿璣之別名），所以迄今，大家都稱這器形爲「玉璇璣形器」。

後來這類形制的玉器出土多了，研究的人也多了，根據古史再研究，才發現古人早就否定了璿璣、玉衡的存在，可是積重難返，目前所有的玉器書籍，仍稱爲「玉璇璣形器」，爾後郭寶鈞先生在古玉新詮中，認爲此類器是套在織布機纏線滕軸上的「滕花」，石璋如先生則認爲是束髮器，用法是髮髻用此器套住，並在髮束上插笄；首先，郭氏之說沒有考古發掘資料支持，而且一片薄玉，嵌在織布機上承受震動，極易碎裂；另石氏之說，更有人責難，因爲這種器形大小不一，並引用國外博物館存有一件直徑有三十三公分的類似器型，證明不可能用來束髮；筆者認爲此器的形制，必然有某一種象徵意義，大小不同，則用途各異，就如同大形璧作禮器或籍屍，小的璧形環則作爲

佩飾或其他用途，我們從有關的出土記錄來看：

　　一、大汶口文化新沂花廳遺址出土的這類小型器，依出土情況看，應是成組串飾的一部份。

　　二、大汶口文化三里河遺址出土有這種類形玉器，出土時，在墓主的胸部，可能是胸飾。

　　三、安陽商代墓出土一件，在人架腳側，因此墓隨葬品有位移現象，現在再看，也可能是一件飾物。

　　四、安陽小屯村的一座小孩墓葬中，也曾發現一件，在人架胸部右側，似作裝飾品。

　　五、殷商婦好墓出土的這類形器，孔緣上端有明顯人為磨出的豁口，可能是長期穿繩佩帶所造成。

　　從前述的出土資料，可以看出不是天文儀器、滕花或髮飾，小型器可能是佩飾，惟因為殷商墓葬資料，有可能是古玉再入土，筆者尚不敢確定；至於大型者，因為沒有出資料，筆者暫作保留。（餘詳見龍山文化玉璇璣形器）

第三章 ✤ 夏朝存在的疑惑──二里頭文化

　　從古史的任何一個角度來看，夏朝都應該是存在的，不但夏本紀中言之鑿鑿，在其他古文獻中，或殷商銅器銘文，都曾提到大禹治水的事蹟，另堯典等各篇，雖可能是西周史官，記取傳聞，作有系統的整理後，所作成的記錄，但徵其內容，有部份似為可信，而有關記載夏朝的制度如：「……王稱天子，王之下有百吏，六卿掌軍事，監獄名為『夏台』……等等」，都不像是杜撰出來的，而最令人信服的是，太史公考證出夏朝共傳了十四世十七君，享國四百七十一年，而以卜辭驗證，也是正確的，他的傳國世系是：

禹㈠→啟㈡→太康㈢
　　　　　　　↓
　　　　　仲康㈣→相㈤→少康㈥→杼㈦
→槐㈧→芒㈨→泄㈩→不降（十一）　　孔甲（不降之子）（十四）→
　　　　　　　↓　　　　　　　　　　↑
　　　　　肩（不降之弟）（十二）→（帝）廑（十三）
→皋（十五）→發（十六）→履癸（十七），即為（帝）桀，亡於商。

　　雖然如此，仍然有許多疑古的學者，認為夏朝可能是虛構的，他們的論點是：一個立朝達四、五百年的朝代，不可能在考古學上是一片空白，尤其在逐漸步入文明門檻的龍山文化後期，如果有夏朝，就一定有接續痕跡。

　　民國十七年，中央研究院史語研究所在河南省安陽小屯村發現了殷墟，不但有墓葬、居所的遺址出土，而且發現了宮殿，伴隨出土有一些製作極精美的宮廷用品，如爵、鼎、豆……等大小銅器；初期大家認為是晚商的製品，後來，在中商時期的地屬層中，也發現了大量的青銅器，而且製作同樣的精美；這時，問題出來了，因為每個有歷史素養的人都知道，青銅時代在接續石器時代之後，絕不可能突然就成熟到這種程度的，其中必須經過一段長時間的蘊育期，來作調整與改良，這也是世界其他各古文化進程的共同現象；所以，一般學者都認為：在殷墟與龍山文化後期之間的遺址資料中，必然還有一個重要的文化缺環。也因為如此，自一九五○年代起，大陸考古學家就一直把尋找夏墟，當作一個重要的考古任務。

　　直到一九七五年，考古學家在河南省偃師縣、二里頭、洛達廟、

東乾溝等地進行挖掘，首先在洛達廟發現了文化遺址，繼而在二里頭也出土了遺址，經過陸續的發掘，發現二里頭的遺址面積最大，堆積最厚，文化遺物、遺跡也最多，故而學者一般都習稱「二里頭文化」，依據碳十四測定，他的絕對年代距今約四千年到三千五百年間，其上限約等於龍山文化晚期，下限則似與早商文化有重疊，其整個文化區的分布範圍，大約當今的山西省南部與河南省的西北部（和史記所載夏人活動的區域不謀而合）。

在這處遺址，發現了兩處相隔一百五十公尺左右的夯土宮殿，規模宏大，有主殿、廊院、庭院、宮門等共同組成，而接續有一大片夯土的房屋台基，共四十多座，這種殿堂相連，氣象宏偉的氣象，絕對不是一般小型都邑可比，所以有人認為找到了夏都——安邑。

學者依出土遺址的文化層分析，將二里頭文化劃分為四期，目前第一期、第二期還普遍缺乏青銅器出土的資料，但到第三期則有銅刀，銅錐，銅鑿，銅碎，銅鏃，銅戈……等銅器逐漸出現，可是造型簡單，一般也沒有紋飾，在用途上，多以武器、工具為主，而農業用具、大型盛具，則仍以石器與陶器為主，所以，二里頭文化基本上還是銅石並用的時代，雖然目前，對二里頭文化的劃分還有很多不同意見，有人主張把一、二期劃為夏文化，三、四期則劃為商文化……等；可是他的出現，填補了殷墟與新石器時代後期之間的缺環，確是事實。而筆者個人則傾向：「二里頭文化確是夏文化」，因為，依據出土資料顯示，除了已經有廣闊的宮殿外，還有：

一、在二里頭遺址中，發現酒作坊，表示釀酒已成為一種行業，這和史書上記載：儀狄造酒，大禹嘗之曰：後必有因此而亡國者的記錄不謀而合。（但零星的造酒資料，在龍山文化中、後期即有出現）

二、遺址中發現海貝、石貝、骨貝等貨幣，表示貿易行為與商人都已經出現了，這在史記中記載夏禹時：「食少，調有餘相給，以均諸侯。」也似符合。

三、除銅戚、銅刀的出現外，新形式的銅戈也出現了，這是一種車戰的利器，顯示已經有武力強大的軍隊，這與夏朝的歷史也是相吻合的。

四、在墓葬中出土有鏤空的青銅牌，框架上鑲嵌有綠松石，並且在框架背後看不到依托，居然歷時三、四千年而不脫落，這種鑲嵌、粘接的技術，顯示二里頭文化的手工技術較新石器時代進步了許多。

五、一九七八年中國社會科學院考古研究所二里頭工作隊在二里

頭地區又作了發掘，在墓葬中出土有隨葬的塗朱大龜甲；而夏本紀曾有記錄：「……九江入賜大龜。」

六、在出土玉器中有玉琮、玉玦、玉刀及綠松石鑲嵌的玉器，這些材質都非河南偃師附近所產，其中一部份玉材，質地精美，可能是獨山玉，顯然是由地方進貢而來，故而該時當確已建立中央政權。

從前述各點歸納，二里頭文化是夏文化（或夏文化的一部份），應該是正確的，而這支文化卻也是從石器時代跨越到銅器時代的關鍵；在此，筆者需要再一次重作說明的是：全世界各地的史前文化，都幾乎經歷了舊石器時代與新石器時代，如果我們以「美石為玉」的觀點來分析，在新石器時代中，他們也多少都有一點玉器文化萌芽的現象（即佩美石作成的飾品），可是到了青銅器時代，石器逐漸被淘汰，退出了歷史的舞台，美石用品也就逐漸衰微了，而在我國則全然不同，石器因為銅器的出現而被淘汰，可是玉器卻巍然而存，並且繼續發展，這其中最重要一點，就是在新石器時代的演進中，我國先民將玉器賦與了一些不可替代的特質，雖然有一些文化的內涵，我們不能完全瞭解，但是賦予玉器不可替代的徵兆，卻是很明顯的：

　　像紅山文化中，一些與原始宗教有關的祭器。

　　像崧澤文化中，出土於墓主口中的玉唅。

　　像大汶口文化出土，沒有使用痕跡的玉鏟。

　　像良渚文化精美玉材所製成的玉琮。

這些玉器，都證明，我國先民在文化演進過程中，逐漸賦與玉器不可替代的現象，而這個現象，就是我國步入青銅時代而玉器文化卻繼續留存演進的主因。

可是石器就不同了，因為我們都知道，青銅是紅銅（天然銅）和錫或鉛的合金，鎔點約在七百度到九百度之間，比紅銅的鎔點攝氏一千零八十三度……低了許多，可是含錫百分之十的青銅，硬度卻是紅銅的四‧七倍，以如此低溫易鎔、硬度高的青銅與石器比較，二者的適用性是有天壤之別的，因為，青銅器的鋒利、堅韌，可大量鑄造，又可回收……等，都是石器無法彌補的先天缺點；所以青銅器時代的來臨，對人類文化史上是一件極重要的大事。

此外，我們用另一個角度來分析，青銅器時代的來臨，也必須要有相當的社會發展條件來配合，因為青銅冶鑄，不像治石、玉雕，由少數的熟練工匠即可處理，他是一個複雜的工藝過程，在這個過程中，改變了材質的物理屬性（將固態礦石溶成液態，澆鑄後再冷卻成固

態成品），而就過程本身而論，不論是蒐集燃料、採取礦石、運輸、架灶、安排製程、器形的設計、製模、製範、澆鑄，以至於分配成品……等，它代表了一個羣策羣力的分工，決不是一個小規模氏族部落所能勝任的，尤其在大件銅器製成後，不只是工藝技術的表現，更是國家國力的象徵，所以「問鼎中原」「定鼎天下」成語的意義，是其來有自的。

同樣的，我們談到青銅器時代的玉器，也必須認識到石工具、石武器、石製實用器都已經漸被淘汰，玉器的繼續出現，已經有禮器（也許是宗教，也許是政治）與斂屍（保護屍體）的意義了，這些現象，我們不但從二里頭遺址出土的玉器看得到，也可以從正史中找到資料，像史記"夏本紀"就多次提到類似進貢玉器的情形：

「貢……鉛、松、怪石。」

（孔安國注釋：怪石，怪異好石似玉者。）

「貢金三品，瑤、琨。」（瑤琨皆美石也）

「貢璆、琳、琅玕。」（均古玉材名）

「於是帝錫禹『玄圭』，以告功成於天下，天下於是太平治。」

這些，不但說明在夏朝，玉材是珍美稀少、高貴之物，更說明，玉器在夏代已經走入禮器的範疇，他有了禮制與政治代表的意義，尤其是帝錫禹「玄圭」，更是確切的證明；當然，正如前文所述，這不是驟然而成，在我們所介紹的各地區新石器文化，或多、或少，都提供了一些宗教、儀式、文化的因素，經長時間的演變、吸收、融合而成的，可是我們若從陸續出土的器形分析，浙江太湖流域的馬家濱文化、崧澤文化、良渚文化這支一貫相連的文化系統，對這種演變的形成，是貢獻最大的，因為，大多數禮器的形制，都是從這支文化吸收變化而成。

所以，我們在研究二里頭文化的玉器時，已不用像研究早期仰韶、大汶口、石峽……等文化的玉器，從瞭解器形，是否是實用器？是否是美石工具……等，煞費思量了！因為大件玉器，依筆者斷言，件件都是禮器，而且軍事、統治意味，高於宗教意義，如：

一、玉璋（如圖一三〇）：說文解字稱：「半圭為璋」，本器「刃」與「援」部雕出扉牙，故而也有人稱為「牙璋」者，但是古器形中從未有「牙璋」的名詞，故仍以玉璋稱之為宜，此器出土於一九八〇年河南省偃師二里頭，屬二里頭文化第三期，同時出土有兩件，大小不等，形式相同，但是大的一件，在器身一邊作一個單面穿的小孔

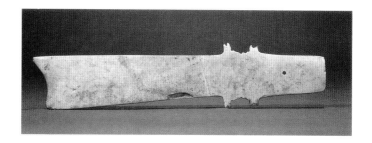

（圖一三〇）本器形制為武器，橫綁於柄上，為車戰時的鉤扯利器，原為銅製，以玉製則為作禮器儀仗用。目前還有部份學者，相信戰國時期的偽書，周禮中六器之說，並牽強附會「以赤璋禮南方。」是因南方屬朱雀，而璋首像鳥形……等，實為無稽之談。

，孔內嵌上一片圓形的綠松石，本器玉料是呈青灰色，材質似鮑紋石，但通體打磨光亮，刃口作凹弧形，由兩面磨出刃邊，尚鋒利，兩欄雕出類似、對稱，但不完全相同的扉牙（似為便於綑綁長柄之上而設），全長五十四公分，中寬為十四‧八公分，這種型式的起源，在早期陝西龍山文化的神木縣石卯遺址中曾有類似刃形石器出土，雖並不完全相同，但仍可見二里頭文化承襲龍山文化的痕跡，但此器卻較大，而製作細緻、又有鑲嵌綠松石的現象，這些都可證明，本件玉璋確非實用兵器，當是作為儀仗或顯示軍事地位的禮器。

　　二、七孔玉刀（如圖一三一）：本器更屬大器，全長六十五公分，寬九‧五公分，是一九七五年在河南偃師二里頭遺址出土，刀體是扁長的梯形，刀刃由兩面磨刃，呈鋒利狀，與刀背以兩條陰線分開，刀背上平行等距鑿有七孔，由單面鑽成，作工精細，全刀背短刃長，兩端作出六個對稱的「戚牙」，而近兩端刀背面上則雕有平行與交叉的陰直線，構成弦紋與菱形紋。首先，就器形而論，在浙江馬家濱文化、山東大汶口文化都曾有類似的刀器出土，可是均為石製，且刃面留有磨痕與缺損，為實用器，據研究，應為割草用的刈刀，刃面上的孔，則為便於以繩繫於竿上。而此玉刀上的紋飾，弦紋與菱紋的組合，則散見於江南一帶的印紋陶（見附註）；但本器線腳，卻略不規則的突出分隔刀刃、背的兩條平行線，筆者認為造成這種現象，或與製玉的夾具有關，因為本器較大，難以固定所致。同時，本器為我國目前出土最早的一件玉刀，但應為禮器而非實用器。

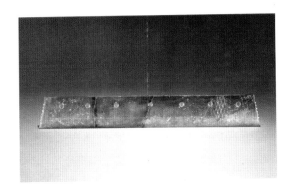

（圖一三一）本器扁薄寬大，確爲儀仗禮器，雖有斷痕，但刃口卻無使用痕跡，更足證明，古史載，周公制禮作樂時，是用實用器作成禮器，而這種行爲也不是突然發生的，在二里頭文化中，我們就已經看到這種傾向了。

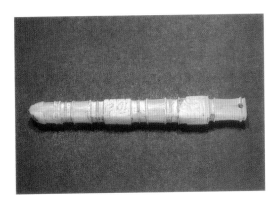

（圖一三二）本件柄形器，爲複合禮器的一部份，當可確定，但確實的使用方法與用途，我們仍然不知；但是以藝術性而言，此器材質美好，雕工精美，圖案佈置均衡適當，完全合乎美學原則，從此器我們也可看出，二里頭文化承襲各地區玉雕特色、優點，繼續進步、發展的情形。

　　三、玉面紋柄形器（如圖一三二）：本器全長十七・一公分，寬一・八公分，厚一・五至一・八公分，是一九七五年在河南偃師二里頭遺址出土，屬二里頭文化三期的文物，目視檢驗，本器當爲獨山玉

材，全器除設計精巧外，作工也極精美，爲研究二里頭文化玉雕的重要文物，通體刻分十節，頂端處三面作孔，彼此相通，器底也有一對穿的圓孔（可與他器楔接），器身除刻出五段束腰外，並以淺浮雕與陰線作出人面與獸面紋；另據出土報告，此類器形一次出土二件，爲目前所知，出土最早的玉製柄形器，而本件器身有「工就料」的情形，並且器身有不同方向的舊刀痕，可能是舊物改雕之作；本器所具有的特色是：

　　㈠人面（或獸面紋）的雕琢，採用一面作半部面紋，顯然是承襲良渚文化玉琮的造型觀念，可是使用更精巧的刀工。

　　㈡造型方式雖承襲良渚文化，但紋飾已與良渚獸面紋完全不同，而與龍山文化獸面紋有近似之處。

　　㈢獸面紋採用雙鈎刀法，這種玉雕方法是先以兩條陰線作出造型，再將陰線外側修成平邊，又稱「減地平汲」，爲玉雕中極具特色的雕法，也爲爾後殷商的玉雕方式開拓了新的空間。

　　㈣本器通體分十節，每節均有紋飾特色，似受木雕造型的影響，但是目前尚缺乏比對資料。

　　本器除前述各點特色外，依造型、雕工、玉質、紋飾（獸面紋）觀察，似均說明本器非一般實用器，當爲複合禮器的一部份。

（圖一三三）玉製儀仗用禮器，爲仿石、銅工具、武器而來，兩端出扉牙，爲便於繫柄，使繩不致滑脫，二里頭文化承襲部份新石器時代早期製石形式，故而作出這類出牙玉器，我們應看作是製玉的習慣，而與玉器文化演進的意義無關。

四、玉鉞（如圖一三三）：本器是一九七五年在河南偃師二里頭遺址出土，屬二里頭文化三期文物，本器浸沁奇古，全器為厚○・六公分的扁平狀，鉞背呈圓弧形，鉞刃則分成四段平直組成，每段都是由兩面磨成刃形，兩側則作出各六個略對稱的扉牙，似為繫器於柄，防止滑動所作，中間為一大圓孔，由單面鑽成；本器形制，顯係源自新石器時代的大孔石斧演變而來，但是兩側出扉牙，則甚少見，當為夏（二里頭文化）代玉雕的特色之一，刃面由四段平直刃構成，亦為前所未見，為何作成此形，並不清楚；本器寬九・六公分，孔徑五・二公分，一次出土兩件，形式相同，可是有大小差異。在武器分類中，斧、鉞都是砍砸器，依本器材質，當不宜用於砍砸，可能是在上位者，持有之信物（類似唐、宋君主使用之柱斧），本器因浸沁造型都特殊優美，國內外文物雜誌均常引用，故而仿製品甚多，幾可亂真，筆者曾見多器，無一為真，但早期曾見一戈形器，兩欄亦均出扉牙，牙斷二處，從斷裂處觀察，確係高古器出土，但是該時二里頭文化尚未被發現，又基於「三代不斷夏」的玉器鑑定習慣，故稱為「商代器」，至今想起，甚感汗顏。

（圖一三四）這是目前所知出土最早的一件玉戈，與前圖玉璋，都是車戰利器，以銅製為主，這與國家的形成、部隊的建立有關，但此器未見使用痕跡（亦不能實戰使用），故可確定為軍事權力象徵的禮器，戈形器到殷商就逐漸出土多了，顯示國家的形成，也到了完成的階段。

五、玉戈（如圖一三四）：本器亦屬二里頭文化三期出土，長三十・二公分，厚○・五至○・七公分，體薄而窄，戈基部有一個單面

穿的圓孔（此基部於戈的形制，稱之爲內），在孔與刄面間作有十數道間隔不同的平行陰線，（戈的刄面又稱爲援），在其中有一略黑的浸沁，約爲安裝長柄之痕，但柄已不存，不知爲何材質，惟自所留痕跡觀察，可能爲銅柄；原發掘報告稱此器爲獨山玉，此類玉種硬度高（超過白玉），而本器卻作出工整的雙面刄，戈鋒尖銳，收尖整齊，現今觀之，仍覺鋒銳異常，但不見使用痕跡。綜觀本器，雖有裝銅鐏痕跡，卻不見使用痕，當可確定爲陳列或裝飾用之禮器，爲目前所知，出土最早的玉戈。據現有資料顯示，戈形器爲二里頭文化所發展出來的一種新形制武器，便於車戰，除證明二里頭文化時期戰爭形態，已由早期小規模的氏族戰爭，演變成大規模的征伐戰外，也顯示：我國自舊石器時代、新石器時代的逐漸演進、融合，到二里頭文化時期，已經形成國家的型態；本件玉戈可能爲代表軍隊上級指揮者的指揮信物，（一般兵士則執銅戈），持有者死後再殉葬入土。

　　附註：印紋陶，又稱「幾何印紋陶」。發展的範圍極大，幾乎在江南新石器時代後期的所有遺址中都有發現，大約起源是製陶時，用陶拍來拍打陶胚，使其緊密耐用，而陶拍上綑綁的繩索，在器表留下了印紋，隨後，因審美觀念的提升，拍印紋逐漸圖案化、整齊化，形成了裝飾效果，也變成了製陶技藝的一種表現，因爲是拍印而成，所以多以幾何紋飾出現，如葉脈紋、編織紋、雷紋、繩紋、籃紋、菱紋、方格紋……等，這些紋飾不但豐富了爾後玉石、漆器……等的紋飾內涵，（像玉器中的穀紋、蒲紋……等），也更是商、周銅器紋飾的主要來源。因爲這種幾何印紋陶的出現，使不少學者認爲，既然在新石器時代後期出現，一直延續到秦漢之初，又有明確的文化特徵，可以稱爲「印紋陶文化」，但是在各地區出土的其他隨葬品卻有明顯的差異而作罷。可是印紋陶的出現，也曾在我國考古學界掀起軒然大波，因爲有一些考古學家（包括蘇俄），依據印紋陶的共通性，結論出，長江以南是一個非中國人的文化區，也就是「江南文化南來說」，但是目前已被證明是錯誤的。

第四章 ✧ 結語

　　雖然，到目前還有很多人否認夏朝的存在，可是卻沒有一個人能否認二里頭文化的真實性；但是筆者一直堅認，二里頭文化就是夏文化，而在夏文化中，玉器的出現，已經傾向於禮器形態了，尤其：史稱：「東有九夷，夏有萬邦。」「執玉帛者萬國。」從字義上分析，夏朝大約以現在的河南嵩山一帶為中心，東漸於海，西及西河，王畿千里；王畿之外，則有方國。可是，這些方國與夏朝是有來往的，他們與夏朝的關係，維持在半獨立的屬國狀態，也就是說，當時是「以夏朝為中心的一個文化圈」，不同以往新石器時代的各文化區獨立發展，彼此僅偶有交融，而文史所敍「執玉帛者萬國。」我們應該解釋為「執玉製的禮器」「穿絲帛製的禮服」，除了形容方國很多外，從執玉的敍述，我們也應該瞭解，以玉作為禮器的政治意義了，除此之外，夏朝（二里頭文化）玉器還有一些特點：

　　一、材質多以獨山玉為主（獨山玉又稱南陽玉，或南陽翡翠），這當然與夏朝的主要活動區在河南有關，可是我們似乎看出獨山玉已有專作禮器的傾向，而一般黎民百姓似不能隨意取得，這也表現出玉器作為政治目的特定用途的另外一面。

　　二、獨山玉硬度高達摩氏七‧五度以上，較一般透閃石、陽起石硬度更高，這也表示在二里頭文化中，製玉的技術更較以前進步，這當然與青銅器的發明有關；但以前文所介紹的玉柄形器為例，不但陰線、凸雕線腳都工整，人紋、獸面紋的刀工也流暢自然，這也表示二里頭文化玉雕的進步是整體性的，不但刀具有進步，藝術性也有提升。

　　三、二里頭文化出土的玉戈，磨砥琢製的極為鋒利，顯然是受青銅武器鋒利尖銳的影響，而常在刃中作出凸稜，這些都可看出玉戈是仿銅戈製作的，凸稜則為原銅戈鑄造時合範的模痕，這也顯示，玉雕在青銅器時代，不但工藝進步了，而且也吸收了一些銅鑄特有表現的紋飾與器形，這也是我國玉器文化珍貴之處，因為他能不斷吸收來自新文化的特點，與新門類手工藝的特色，來豐富自己的內涵；而又因玉器的不朽特性，在三、四千年後，幾乎與當時相同的面目與我們見面，供我們作研究、探討、解讀的課題。

　　四、二里頭文化中的玉武器，不論刀、戈，雖在形制上各異，但在裝飾用的紋飾上，喜用平行陰線，並在縛柄處常作出相對稱的小齒

扉；以玉刀爲例，筆者所見甚多，眞、假都有，刀面上的穿孔，有三個、五個不等，有的僞製精細，眞假難辨，但在齒扉上則常現賊痕；因爲，這些作爲綁縛手柄，防止繩滑的象徵裝置，當初玉工製作時，因形就材，轉折極爲自然，且長期入土後，這些小凹凸點，最易看出歲月流過的痕跡，而僞仿作品，是以照相、投影方式仿製，在這些地方就很容易看出「照葫蘆畫瓢」的賊痕了。

我國迄今仍習稱華夏文明，可知夏朝對我國文化啓蒙的影響了，但是長期以來，因爲出土資料的缺乏，致使我們對夏朝文化的存在，都產生了懷疑，如今，二里頭文化揭開了夏墟的奧秘（雖然還有一些學者對此存疑，但筆者是確信不疑的）。使我們看出，在新石器時代我國文化的發展是多源的，雖然彼此有交錯、影響，但是無所謂主、從關係；可是到了夏朝，雖然還有許多方國，但是文化發展的主從已經很明顯了，在黃河中、下游區域活動，脫胎於龍山文化的夏朝，不但是中華文化的主體，而在文化內涵上，因爲青銅器的大量製作使用，玉器步上禮器的範疇，都顯示出這支文化的燦爛與成熟。